Graz ganz groß

Ein tierisch guter Stadtführer für Kinder

Sabine Turek-Pirker / Andreas Leb

:STYRIA

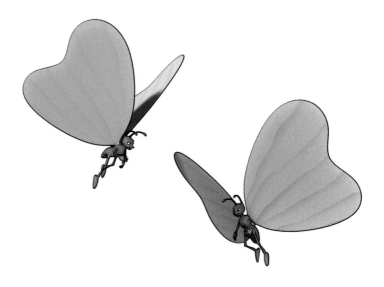

Umschlaggestaltung: Andreas Leb
Layout und Illustrationen: Andreas Leb
ISBN-10: 3-222-13194-5
ISBN-13: 978-3-222-13194-3

Das *Inhaltsverzeichnis*

Tipps

zur Verwendung des Buches:

Am Anfang jedes Ausfluges findest du einen Orientierungsplan, der dir hilft, dich zurechtzufinden.

In diesem Buch steckt ein kleines Lexikon: Spannende Information zur Stadt- und Kunstgeschichte findest du ab S. 160 auf einen Blick!

Die fünf Eichhörnchen haben unterschiedliche Interessen:

Aus dem Stadtpark hört man reges Gemurmel. Irgendwo in der Ferne spielt eine Musikband. Einige Bäume sind hell erleuchtet. Was ist da wohl los?

Die Eichhörnchen feiern das Sonnwendfest. Es ist Juni, die Tage sind endlich wieder länger. Das Buffet gibt es im komfortablen Blauglöckchenbaum, tanzen kann man im Trompetenbaum, Gesellschaftsspiele finden im Korkbaum statt. In der Pyramideneiche spielen die Eichhörnchenkinder. Die Pfingstrose dient als Toilette, denn im dichten Blättergewirr bleibt man fast unentdeckt.

Vier Freunde und ein Großvater

Hansi und sein Großvater hocken gemeinsam mit Susi, Nelli und Moritz im Flügelnussbaum in der Nähe des großen Stadtparkbrunnens. Großvater erzählt Geschichten über Graz und die Umgebung. Wenn er das tut, ist für Spannung gesorgt.

Moritz ist ein Technik-Freak.   **Susi liebt die Kunst.**

Die vier Eichhörnchen hängen an seinen Lippen: Sie sind nun alt genug, um Graz über ihren Heimatbaum hinaus zu entdecken ...

Fünf Ausflüge in und um Graz
In fünf Tagen erkunden die Eichhörnchen die Stadt und ihre Umgebung zu Fuß, mit dem Rad und dem Bus. Besonders Hansi ist ziemlich aufgeregt. Zum einen ist er neugierig darauf, ob Großvaters Geschichten wahr sind. Zum anderen ist er in Susi verliebt und freut sich über jede Sekunde, die er mit ihr verbringen darf.

Fünf aufregende Tage hat Hansi Zeit, Susis Aufmerksamkeit zu gewinnen.

Ob es ihm gelingen wird?

Es gibt zahlreiche Rätselnüsse zu knacken:

Auf deiner Reise durch Graz und seine Umgebung lernst du nicht nur die Stadt sehr gut kennen, sondern gewinnst auch fünf neue Freunde!

Der Großvater ist ein Geschichte-Profi.

Hansi hat jede Menge Tipps auf Lager.   **Nelli ist in der Natur zuhause.**

Dieser Ausflug führt dich und die Eichhörnchen in die Grazer Innenstadt. Hansi hat als Ausgangspunkt den Stadtpark ausgesucht. Das ist Susi, Nelli und Moritz sehr recht, denn sie wohnen im Stadtpark und haben es somit nicht weit zum Treffpunkt.

Im Zuge der Tour kannst du mit den Eichhörnchen die Domkirche auf eigene Faust erkunden und das älteste Haus in Graz entdecken. Gemeinsam entschlüsselt ihr eine Geheimschrift und knackt eine Rätselnuss, indem ihr einem Ritter seine Rüstung ordentlich anzieht. Der Wissenschaftler Johannes Kepler kommt zu Wort und ein Schneemann behält auch im Sommer einen kühlen Kopf. Während Moritz über eine Hühnerleiter zum Spielwerk des Glockenspiels kraxelt, lässt sich Hansi Schokolade auf der Zunge zergehen.

Ein Ausflug nach eurem Geschmack? Dann nichts wie ab in den Stadtpark!

1 Stadtparkbrunnen
2 Moritz Ritter von Franck
3 Fließwasserbrunnen
4 Büste von Robert Stolz
5 Waldlilie
6 Büste von Johannes Kepler
7 Paulustor
8 Palais Wildenstein
9 Steiermärkisches Landesarchiv
10 Palais Saurau
11 Hofbäckerei Edegger-Tax
12 Alte Universität
13 Schauspielhaus
14 Burg
15 Dom und Mausoleum
16 Priesterseminar
17 Glockenspiel
18 Generalihof
19 Stadtpfarrkirche
20 Gemaltes Haus
21 Landhaus
22 Rathaus
23 Luegghäuser
24 Franziskanerkloster
25 Kastner & Öhler / Paradeishof
26 Neue Galerie
27 Stadtmuseum
28 Palais Attems
29 Schloßbergplatz / Reinerhof

AUF ZWEI BEINEN

Du kannst diese Tour ganz leicht zu Fuß bewältigen.

Die Eichhörnchen treffen sich im Zentrum des Stadtparks beim gusseisernen Stadtparkbrunnen, der 1873 für die Wiener Weltausstellung angefertigt wurde. Es ist noch früh am Morgen, denn Eichhörnchen stehen immer eine halbe Stunde vor Sonnenaufgang auf.

Kannst du auch so grimmige Grimassen schneiden wie dieser Drachenfisch? Benutz das Wasser im Brunnen als Spiegelbild, es wirkt wie ein Zerrspiegel.

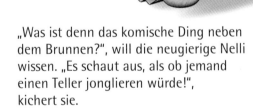

„Was ist denn das komische Ding neben dem Brunnen?", will die neugierige Nelli wissen. „Es schaut aus, als ob jemand einen Teller jonglieren würde!", kichert sie.

EINE VERKEHRTE WELT

1985 schuf der Künstler Serge Spitzer den Rostigen Nagel. Wenn man genau hinschaut und seine Fantasie spielen lässt, bemerkt man, dass der „Rostige Nagel" wie der umgedrehte Stadtparkbrunnen aussieht, nur viel einfacher und ohne Verzierungen. Beachte die Brunnen-Plattform mit den 14 Löwenköpfen, der Kopf des Nagels stellt diese Plattform dar. Beim „Rostigen Nagel" sind 14 Spitzen nach oben gerichtet. Beim Stadtparkbrunnen speien die 14 Löwenköpfe das Wasser nach unten in die Brunnenschale.

WIE ENTSTEHT ROST?

Tritt Stahl mit feuchter Luft in Kontakt, bildet sich eine braune Schicht, die man als Rost bezeichnet. Rost ist porös, bricht immer wieder vom Stahl ab und bildet sich erneut, bis kein Stahl mehr da ist und ein Loch entsteht.

Wenn du genau schaust, kannst du schon ein Loch im Kopf des Nagels erkennen!

Moritz Ritter von Franck

WIE IST DER STADTPARK ENTSTANDEN?

Auf dem Gelände des Stadtparks wurden ursprünglich Militärparaden abgehalten. Ab 1860, als ich, Moritz Ritter von Franck, Bürgermeister der Stadt Graz war, begann ich mich dafür einzusetzen, diese große Fläche in eine Parkanlage umzuwandeln. Schließlich sollten alle Grazer die neu errichteten Wiesen genießen und auf den Wegen spazieren gehen können! Heute bin ich sehr stolz: Viele Menschen nutzen den Stadtpark, um sich zu erholen.

KNACK DIE RÄTSELNUSS:
Was war der Stadtpark ursprünglich?

A: ACKERFLÄCHE

B: GELÄNDE FÜR
   KANINCHENZÜCHTER

C: ÜBUNGSGEBIET
   FÜR SOLDATEN

Besondere Führungen durch die Stadt (auch behindertengerecht!) kannst du buchen unter:
Die Graz Guides
Sporgasse 7/1
8010 Graz
Tel.: 0316/586720
www.grazguides.at

Im Stadtpark steht der allererste Fließwasserbrunnen der Stadt Graz!

BEGINN DER MASSENPRODUKTION

In der 2. Hälfte des 19. Jahrhunderts war es modern, mit Gusseisen zu arbeiten. Das Eisen wurde geschmolzen und in vorgefertigte Formen gegossen. Die Verzierungen mussten dadurch nicht mehr einzeln mit der Hand gemacht werden. Mit dieser Technik konnte man in kurzer Zeit ohne viel Aufwand hohe Stückzahlen produzieren. Aber: Man hatte keine Einzelstücke mehr. Einst konnte man in Graz aus 15 solcher Brunnen Wasser trinken. Dieser hier ist der einzige, der übrig geblieben ist.

AUSBLICKE

Vom Trinkwasserbrunnen hat man einen tollen Blick auf den Uhrturm!

DER STADTPARK, DIE GRÜNE LUNGE VON GRAZ

Bäume können größer und älter werden als alle anderen Lebewesen auf der Erde. Die Bäume im Stadtpark sind zum Teil schon über 100 Jahre alt! Nimm dir die Zeit, spaziere durch den Park und schau dir die vielen unterschiedlichen Gewächse an. Auf Tafeln erfährst du ihre deutschen und lateinischen Namen. Entlang der Robert-Stolz-Promenade wächst der Trompetenbaum. Kannst du die Pyramideneiche, den Korkbaum und den Flügelnussbaum finden?

Der Stadtpark wird nicht nur von unseren Eichhörnchen bewohnt. Hier findest du auch zahlreiche Persönlichkeiten, die für Graz und die Steiermark eine wichtige Rolle gespielt haben. Du triffst sie natürlich nicht mehr persönlich, aber Büsten und Statuen erinnern an diese Menschen.

Das ist die Büste des Operetten- und Filmmusikkomponisten Robert Stolz (1880-1975). Der gebürtige Grazer ist Ehrenbürger der Stadt Graz.

WAS IST EINE BÜSTE?

Eine Büste ist die dreidimensionale Darstellung eines Menschen vom Kopf bis zu seinen Schultern. Das bedeutet, dass du eine Büste im Gegensatz zu einem auf Papier gemalten Porträt an den Ohren ziehen kannst! Eine Büste kann ähnlich wie eine Statue aus verschiedensten Materialien geformt sein, z. B. Bronze, Marmor, Stein oder Holz.

Peter Rosegger ist einer der bekanntesten steirischen Dichter. In vielen seiner Bücher schreibt er über die Steiermark und ihre Menschen. Er war oft im Stadtpark und hat hier ausgedehnte Spaziergänge unternommen. Hier sind ihm sicher auch einige Ideen für seine Gedichte und Romane eingefallen.

LIEBER SCHRIFTSTELLER ALS SCHNEIDER

Peter Rosegger (1843-1918) wurde auf einem Bergbauernhof in Alpl bei Krieglach in der Obersteiermark geboren. Nach einer wenig erfolgreichen Schneiderlehre besuchte er die Handelsakademie in Graz. Hier reifte sein Entschluss, Schriftsteller zu werden. Sein bekanntester Roman „Die Waldheimat" wurde sogar verfilmt! Peter Rosegger wäre nie ein guter Schneider geworden. Weißt du, warum? Im 19. Jahrhundert war es nicht leicht, Schnittmuster zu bekommen. So war es üblich, dass Lehrlinge sie vom Lehrmeister stahlen. Peter Rosegger hat das nie getan, was zeigt, dass er kein sonderliches Interesse am Schneidern hatte.

Die Bronzestatue der Waldlilie ist einer Figur aus einer Erzählung Peter Roseggers nachempfunden, in der ein armes Mädchen von Tieren vor dem Erfrieren gerettet wird. Wenn du genau hinschaust, entdeckst du am Sockel der Figur eine kleine Quelle.

KNACK DIE RÄTSELNUSS:
Welche Tiere retten die Waldlilie? Eines dieser Tiere steht mit dem Mädchen auf dem Sockel des Brunnendenkmales.

Hansi genießt den Spaziergang mit den Freunden, besonders mit Susi. Er macht sich große Hoffnungen, dass Susi ihn ebenso nett findet wie er sie. Hansi befolgt Großvaters Rat und stattet der Büste von Johannes Kepler (1571-1630) einen Besuch ab. Der legt gleich munter drauflos:

DIEBE!

Ich bin der berühmte Astronom und Mathematiker, dem es gelungen ist, die Planetenbahnen zu erforschen. Sechs Jahre habe ich in Graz verbracht und hier als Lehrer gearbeitet. Ich musste zu Fuß von einer kleinen Stadt in Deutschland nach Graz marschieren – was blieb mir anderes übrig, 1594 gab es ja noch keine Autos! (Die ersten Autos kamen erst am Ende des 19. Jahrhunderts auf.) Stell dir vor, was mir in Graz Unglaubliches passiert ist: Im Jahr 1600 habe ich auf dem Hauptplatz mit einem von mir eigens dafür entwickelten optischen Gerät die Sonnenfinsternis beobachtet. Und da hat mir doch glatt jemand die Brieftasche aus meinem Säckel gestohlen! Eine unglaubliche Frechheit war das. Gott sei Dank hat wenigstens meine Camera obscura, der Vorläufer des Fotoapparates, brauchbare Erkenntnisse über die Sonnenfinsternis geliefert.

KNACK DIE RÄTSELNUSS:
Auf dem rechten Bild ist ein Stern dazugekommen. Kannst du ihn finden?

KNACK DIE RÄTSELNUSS:
Der Weg, der zur Büste Keplers führt, ist nach dem Begründer des Roten Kreuzes benannt: Wie lautet sein Name?

„Im Schein der Laterne auf einer Bank zu sitzen – das muss romantisch sein", seufzt Hansi und blickt ganz verträumt zu Susi.

Bevor der Stadtpark und die Stadt im 19. Jahrhundert eine elektrische Beleuchtung bekommen haben, wurden sie mit Öllampen und später mit Gaslampen erhellt. Es gab Leuchter- oder Lichterbuben, die die Grazer Bürger z. B. nach einem Theaterbesuch erwarteten und sie mit Laternen durch die dunkle Nacht nachhause begleiteten. Einige Gaslampen findest du heute noch in der Schubertstraße und am Schloßberg!

RINGLEIN, RINGLEIN, DU MUSST WANDERN ...

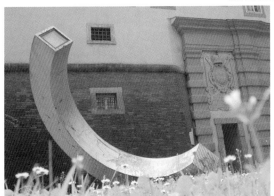

Vor dem Paulustor findest du ein Kunstwerk, das aussieht wie ein halbierter Ring. Dieser Ring ist Oktavia Aigner-Rollett, der ersten Frau in Graz, die als Ärztin arbeitete, gewidmet. Schon 1905 hat sie ihr Studium beendet. Damals waren Ärztinnen noch eine große Ausnahme. Die zweite Hälfte des Rings befindet sich beim Vorklinischen Institut der Grazer Universität in der Harrachgasse.

DER VERKEHRSERZIEHUNGSGARTEN

Im Stadtpark gibt es einen Verkehrs-erziehungsgarten. Hier kannst du zu Fuß oder mit dem Rad alltägliche Straßensituationen üben!
Öffnungszeiten: Mo–Fr: ab 14 Uhr
*   Sa–So: ganztägig*

Das *Paulustor*

Durch das Paulustor gelangst du in den inneren Stadtkern. Während du heute ganz einfach durchspazieren kannst, musste man sich früher dem Torwächter zu erkennen geben. Dieser ließ nur bekannte Bürger in die Stadt. Die anderen mussten sich ausweisen. Das Läuten der Armensünderglocke des Uhrturmes kündigte das Schließen der insgesamt zehn Stadttore an. Das geschah meist schon am späten Nachmittag.

KRIEGSGEFAHR!

Das Paulustor mit der rechts anschließenden Paulustorbastei ist ein Überbleibsel der Stadtmauer, die einst das gesamte Stadtgebiet umfasst hat. Da die Einfälle der Türken in der Steiermark ab dem Ende des 15. Jahrhunderts zunahmen, ließ Kaiser Ferdinand I. die Stadt ab 1544 mit neuen, mächtigen Stadtmauern umgeben. Diese Mauern waren 10 bis 14 Meter hoch und ca. fünf Meter dick! Wenn du dir die Paulustorbastei anschaust, bekommst du einen Eindruck davon, wie gut die Stadt einst befestigt war!

Paulustor

Der Italiener Domenico dell' Aglio bekam die Stelle als oberster Bauleiter. Aglio ist ein italienisches Wort und bedeutet Knoblauch. Domenico führte tatsächlich einen Knoblauch in seinem Wappen. Für die Neubefestigung der Stadt holte man eine ganze Reihe von italienischen Baufachmännern. Oft nahmen sie ihre Familie mit nach Graz. Sie planten nicht nur die Stadtbefestigung, sondern auch zahlreiche andere Gebäude, die für Graz noch heute sehr wichtig sind.

Im Laufe des 19. Jahrhunderts riss man die Stadtmauern allmählich nieder und Graz konnte sich ausdehnen. Reste dieser mächtigen Befestigung sind das Burgtor, das Paulustor und die Paulustorbastei.

KNACK DIE RÄTSELNUSS:

Welcher Baumeister gehört zu welchem Bauwerk? Lies auf den jeweiligen Seiten nach und schreibe die richtigen Namen zu den Gebäuden.

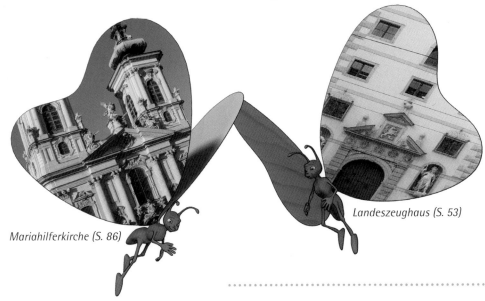

Mariahilferkirche (S. 86)

Landeszeughaus (S. 53)

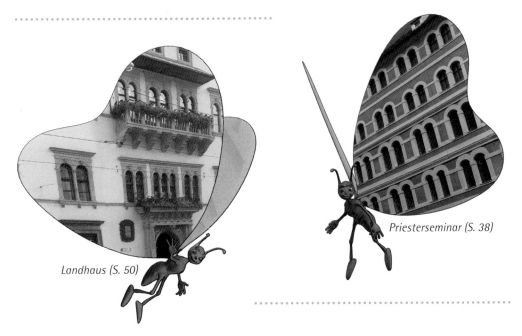

Landhaus (S. 50)

Priesterseminar (S. 38)

Das Paulustor zeigt an seiner Außenseite die Wappen von Kaiser Ferdinand II. (links) und seiner Gattin Maria Anna von Bayern (rechts). Die Textfelder darunter gehören zusammen – du musst die Zeilen über die Toröffnung hinweg lesen!

Kaiser Ferdinand II.   Maria Anna von Bayern

KNACK DIE RÄTSELNUSS:

Was ist denn da passiert? Der Text unter den Wappen des Paulustores ist hier abgedruckt. Man kann aber kaum erkennen, dass es sich um die deutsche Sprache handelt. Kannst du diese besonders harte Rätselnuss knacken?

NOV NED NEHCSIHCIERRETSÖ NEGOZREHZRE

DNANIDREF DNU AIRAM ANNA TSI SESEID

KREWLLOB MUZ ELIEH SED SEDNALRETAV, RUZ

RHEWBA NEGEG EHCILDNIEF ELLÄFNIE DNU

RUZ GNUTLAHRE SED SNEKNEDNA NA REDIEB

NEMAN NOV DNURG FUA TETHCIRRE NERDOW.

WAS IST EIN WAPPEN?

Ein Wappen ist ein farbiges Symbol für Menschen, aber auch für Städte und Länder. Der Ursprung des Wappens liegt darin, dass Ritter in Rüstungen kaum zu unterscheiden waren. Mit Hilfe ihres Wappens auf Schildern, Fahnen und Helmen konnte man sie erkennen. Du findest Wappen oft an Häusern und über Toren. So kannst du z. B. im Landesarchiv (Seite 24) nachforschen, wem das Gebäude einst gehörte.

Seit 1180 hat die Steiermark offiziell einen silbernen Panther auf grünem Schild als Wappen. 1180 wurde die Steiermark nämlich zum Herzogtum. Der steirische Panther ist ein Fabeltier mit Pferdekörper, Löwenmähne, Löwenschwanz, kurzen roten Stierhörnern und roten Klauen. Außerdem speit er Feuer wie ein Drache. Gekrönt wird das steirische Wappen durch den Herzogshut.

Aktuelles Wappen der Steiermark

VERFÜHRERISCHER DUFT

Das Fabeltier Panther wird seit dem 3. Jahrhundert in einem Naturkundewerk überliefert: „Nach dreitägiger Ruhe in einer Höhle stößt der friedfertige und schöne Panther beim Erwachen einen Schrei aus und verströmt dabei süßen Duft, durch den er alle Tiere anlockt."

WAGE ES NICHT, DEN PANTHER ZU REIZEN

Im 16. Jahrhundert kam der Spruch auf: „Niemand wage es, den Panther der Steirer zu reizen, Feuer versprüht sein Maul und Feuer sein Hinterteil auch!" Bis 1926 gibt es Wappendarstellungen, auf denen das Feuer tatsächlich aus allen Öffnungen des Panthers strömt. Das wurde dann aber verboten, da es der Landtagsabgeordneten Frieda Mikola nicht gefiel, dass Feuer auch aus dem Popo des Panthers kam. Geh mit offenen Augen durch die Stadt, dann findest du noch steirische Panther, deren Hinterteile auch Feuer versprühen.

Portal des Zeughauses in der Herrengasse 16a

Glockenturm auf dem Schloßberg

Die *Paulustorgasse*

Im ehemaligen Palais Wildenstein befindet sich die Bundespolizeidirektion. An der Fassade siehst du die Flügel eines Fabeltieres, die Teil des Wappens der Familie Wildenstein sind. Die barocke Fassade stammt aus der Zeit, als diese Familie das Haus besessen hat.

Ab dem 18. Jahrhundert entwickelte sich die Gegend um die Paulustorgasse und den Karmeliterplatz zu einem Krankenhausviertel. Es gab hier ein Militärspital mit einer Apotheke, ein Wohnhaus der Barmherzigen Schwestern, eine psychiatrische Klinik und ein Waisenhaus. Das Herzstück dieses Viertels bildete das Allgemeine Krankenhaus, das Kaiser Josef II. in der heutigen Bundespolizeidirektion in der Paulustorgasse 8 einrichten ließ.

ALLGEMEINES KRANKENHAUS

Die Krankenzimmer befanden sich im 1. und 2. Stock. Pro Zimmer konnten 8 bis 20 Patienten untergebracht werden. Sie lagen in Eisenbetten. Das Bettzeug bestand aus Strohsäcken, Decken und Kopfpolstern, die mit Pferdehaaren oder Stroh gefüllt waren. Die Leute, die für ihren Spitalsaufenthalt zahlten, bekamen gemütlichere Bettwäsche. Das waren ohnehin nicht viele, denn reiche Leute zogen es vor, zuhause vom Privatarzt behandelt zu werden.

1912 wurde das Landeskrankenhaus aus der Innenstadt in den Bezirk Geidorf verlagert. Stell dir vor, alle Patienten, die dazu in der Lage waren, mussten zu Fuß die ca. 3 km in das neue Krankenhaus gehen! Anders hätte man die Übersiedlung nicht geschafft.

„Gott sei Dank haben wir heute die Straßenbahnlinie 7. Da setzt man sich am Hauptplatz rein und kann direkt vor dem Landeskrankenhaus wieder aussteigen!", meint Moritz erleichtert.

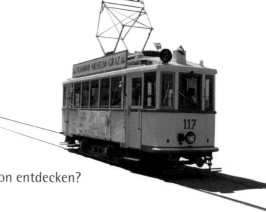

KNACK DIE RÄTSELNUSS:
Wie viele Säulen kannst du an der Bundespolizeidirektion entdecken?

Gegenüber der Bundespolizeidirektion siehst du eine Mauer aus Stein. Um 1730 ließ Graf Corbinian von Saurau diese Auffahrtsrampe errichten. Ursprünglich wollte er Bären aus Sandstein in die leeren Nischen setzen lassen, um damit an seinen Namenspatron, den heiligen Korbinius, zu erinnern, der der Legende nach einen wilden Bären gezähmt hatte.

„Es wäre lustig, die Bären in den Nischen sitzen zu sehen", denkt Susi. Die anderen vier Eichhörnchen sind schon die Mauer hochgeklettert und rufen: „Hier gibt es zwei Bären! Komm, Susi, schau sie dir an!"
Findest du diese Bären? Sie sitzen auf einer Mauer am Ende der Rampe.

DAS VOLKSKUNDEMUSEUM

Spazierst du die Rampe hoch, stößt du direkt auf das Volkskundemuseum, in dem du alles über die Kultur und die Lebensweise einer Zeit kennen lernst, in der es noch keine Maschinen gegeben hat!

Öffnungszeiten: Di–So: 10–18 Uhr, Do: 10–20 Uhr
Tel.: 0316/8017-9899, www.volkskundemuseum-graz.at

23

Unter diesem modernen Dach werden
die kostbaren Schriften und Bücher a
Landesarchivs gelagert.

Öffnungszeiten:
Mo, Di und Do:
9–17 Uhr
Mi: 9–19 Uhr
Fr: 9–13 Uhr

*Seit 1985 schmückt eine riesige
Sonnenuhr die Fassade des
Landesarchivs. Gestaltet wurde
sie vom Künstler Wolfgang
Buchner. Schau genau hin:
Der riesige Zeiger ragt aus
dem Rundfenster!*

DAS STEIERMÄRKISCHE LANDESARCHIV

Im ehemaligen Karmeliterkloster, nach dem der Karmeliterplatz benannt wurde, ist das Steiermärkische Landesarchiv untergebracht. Es ist das größte Landesarchiv Österreichs. Du findest hier schriftliches und bildliches Material zur Geschichte von Graz und der Steiermark. Möchtest du z. B. wissen, wie die Grazer Burg ursprünglich ausgesehen hat, dann bist du im Landesarchiv an der richtigen Stelle. Hier gibt es Urkunden, Protokolle, Zeichnungen und Fotos vom 9. Jahrhundert bis in die heutige Zeit.

WIE FUNKTIONIERT EINE SONNENUHR?

Der wichtigste Teil der Sonnenuhr ist ein fest montierter Stab, der von der Sonne beschienen wird. Dadurch wirft der Stab einen Schatten, der seine Position im Laufe des Tages ändert, da die Erde sich um die Sonne dreht. Von diesem Schatten kann man die jeweilige Uhrzeit ablesen. Aber: Bei Schlechtwetter gibt es natürlich keine „Sonnenuhrzeit"!

Die Sporgasse zählt zu den romantischsten Gassen in Graz. Sie ist deshalb so gekrümmt, weil sie direkt an den Schloßberg angebaut wurde.

SCHLOSSBERG HAUTNAH

Im Inneren eines Fotofachgeschäftes in der Sporgasse kannst du den Schloßbergfelsen sogar sehen und anfassen!

WICHTIGE WEGE IM ALTEN GRAZ

Die Sporgasse war in der Römerzeit (15 v. Chr.–476 n. Chr.) Teil eines wichtigen Handelsweges: Dieser führte durch eine Furt anstelle der heutigen Hauptbrücke entlang des Schloßbergs (heutige Sporgasse) Richtung Ungarn.

Stell dir vor, bis 1972 durften in der Sporgasse noch Autos fahren!

KNACK DIE RÄTSELNUSS:
Wo in der Sporgasse entdeckst du diese beiden Oberlichtgitter?

KNACK DIE RÄTSELNUSS:

In der Sporgasse sind vier unterschiedliche Stilepochen vertreten: Gotik, Renaissance, Barock und Jugendstil. Schau dir den Kunstgeschichtebaum auf Seite 162 genau an und vergleich ihn mit den folgenden Fotos. Welchem Stil entsprechen die vier Gebäude?

Sporgasse 12

Diese Pfostenfenster sind für Graz einzigartig. 1968 wurden sie entdeckt, als man das Haus renovierte. Achte auf die schönen Verzierungen im unteren Bereich der vier senkrechten Pfosten!

Sporgasse 28

Dieser Erker ist der einzige Runderker der Stadt Graz. Ein Erker ist ein Anbau an die Hausfassade oder an die Hausecke, der als zusätzlicher Wohnraum genützt wird. Meist wird er ab dem ersten Stock angebaut und kann über mehrere Stockwerke reichen.

Sporgasse 13

In diesem Haus befand sich von 1650 bis 1900 eine Bierbrauerei. Da Wasser der mengenmäßig größte Bestandteil beim Bierbrauen ist, hat man sich wohl für den heiligen Nepomuk, den Wasserheiligen, als Schmuck für das Portal entschieden. Besonders spannend sind die Wasserspeier in Form von fliegenden Drachenfischen.

Sporgasse 3

Um 1900 konnten die Grazer in diesem Haus duftende Seife kaufen. Auf den Besitzer, den Seifenhersteller Heinrich Kielhauser, geht die wunderschöne Fassade zurück. Die Maiglöckchenseife war der Renner in seinem Geschäft, deshalb findest du diese Blume auch in der Vase an der Fassade.

Wenn du die Sporgasse wieder hinauf in Richtung Hofgasse spazierst, mach einen Abstecher in den Hof des ehemaligen Deutschritterordenshauses in der Sporgasse 22. Hansi schiebt Susi schnell in den kleinen Innenhof hinein, weil er mit ihr ein paar Minuten allein sein möchte. Susi ist zunächst ziemlich entrüstet, so keck kennt sie Hansi gar nicht. Aber der Arkadenhof ist so entzückend, dass sie ihm sofort verzeiht.

Willst du mehr über den Deutschritterorden wissen? Dann hops mit den Eichhörnchen auf Seite 106!

Gepflastert ist der Boden mit Murnockerln. Man hat mit Steinen aus der Mur Plätze und Gassen gepflastert. Das war ein billiges Baumaterial!

DAS PALAIS SAURAU

Sollte das mächtige Tor des Palais Saurau in der Sporgasse 25 geöffnet sein, schau dir den eindrucksvollen Innenhof an, der ebenfalls mit Murnockerln gepflastert ist.

Aus einer kleinen Luke unter dem Dach dieses Palais Saurau ragt eine Kopie des berühmten Türken. Das Original aus dem 17. Jahrhundert findest du im Stadtmuseum in der Sackstraße 18. Warum der hölzerne Türke, um den sich viele Geschichten ranken, gerade hier aus dem Fenster blinzelt, weiß man nicht

Innenhof des Palais Saurau

genau. Da Graz 1564 die Hauptstadt von Innerösterreich wurde, zogen viele Beamte her, um die steigende Verwaltungsarbeit zu erledigen. In der Stadt kam es zu einer Wohnungsknappheit. Deshalb quartierte man die Beamten in Privathäusern ein, deren Besitzer sie verköstigen mussten. Manche Familien waren von dieser Pflicht befreit. Der Türke, so vermutet man, ist ein für jedermann sichtbares Zeichen, dass das Palais Saurau von dieser Einquartierungspflicht befreit war.

Die *Hofgasse*

Das auffälligste und „süßeste" Gebäude in der Hofgasse ist zweifelsohne die Hofbäckerei Edegger-Tax. Lass dieses eindrucksvolle Holzportal ruhig länger auf dich wirken! Welche Details kannst du erkennen?

Auf dem Grazer Zentralfriedhof befindet sich das Grab des Tischlermeisters, der das Holzportal 1896 angefertigt hat: Anton Irschick. Der Grabstein zeigt eine Tischlerwerkstatt, in der niemand arbeitet. Anton Irschik hat ihn selbst entworfen.

Sollte dich der kleine Hunger packen: In der Hofbäckerei kannst du leckere Uhrturm-Kekse und Panther-Pratzerln kaufen!

KNACK DIE RÄTSELNUSS:

In den durcheinander geratenen Buchstaben verstecken sich Tiernamen. Ordnest du sie, ergibt das Wort in den blauen Kästchen das Holz, aus dem das Portal geschnitzt ist.

E E F N A T L

R I F F G A E

H C M E Ä L N O A

A G C S L H N E

S E E L

N T I R E E R

E S A H

E H S O C

L P E R I N D F

B Z R E A

Der Balkon des Schauspielhauses

Bis 1835 gab es den Freiheitsplatz nicht. Einst war der gesamte Platz mit Häusern gefüllt. Erst als das ursprüngliche Theater am Christtag 1823 abbrannte und der Architekt Peter Nobile ein neues baute, wurden die Häuser westlich davon niedergerissen und der große Platz entstand.

1. REPUBLIK ÖSTERREICH 1918–1938

Vom Schauspielhaus aus wurde im November 1918 für die Steiermark die 1. Republik Österreich ausgerufen. Die Monarchie, an deren Spitze der Kaiser stand, hatte damit ein Ende. Nach einem Kaiser war der Freiheitsplatz ursprünglich auch benannt: Er hieß Franzensplatz nach Kaiser Franz I., dessen Statue seit 1841 das Zentrum des Platzes bildet.

DIE ALTE UNIVERSITÄT

Hinter den Mauern der ab dem Jahr 1607 erbauten Alten Universität in der Hofgasse Nr. 14 verbirgt sich ein **barockes** Juwel: Der ehemalige Bibliothekssaal, erbaut unter der Federführung des Baumeisters Josef Hueber von 1778 bis 1781, wird nun als Veranstaltungszentrum genützt.

Die Dekorationsmalerei bringt den Saal mit ihren Blumenvasen und Blumengestecken zum Erblühen!

WARUM HAT EINE SCHEIBE BROT VIELE KLEINE LÖCHER?

Die meisten Brotsorten werden mit dem Treibmittel Hefe gebacken. Hefe ist eine zähe Masse, die du in Form von Pulver oder kleinen Würfeln kaufen kannst. Sie besteht aus winzigen einzelligen Pilzen. Warme Hefe bildet bei der Gärung das Gas Kohlendioxid, das in Form von Gasbläschen den Teig locker macht, so dass er „aufgeht". Das Kohlendioxid verursacht die vielen winzigen Löcher im fertig gebackenen Brot. Brotsorten, die ohne Hefe gebacken werden, bleiben ziemlich flach.

Die Burg

Die Grazer Burg ist die Zentrale der Steiermärkischen Landesregierung. Hier findest du neben dem Büro des Landeshauptmannes auch Prunkräume wie den Weißen Saal, in dem Ehrungen stattfinden.

Die Burg ist während vieler Jahre durch Zubauten gewachsen. Verschiedene Erzherzöge, manche wurden sogar Kaiser, haben sie erbauen lassen. Jeder von ihnen hatte unterschiedliche Ideen. Mit dem Burgbau begonnen hat Kaiser Friedrich III. im Jahr 1438. Er ließ sich nicht nur eine Residenz erbauen, in der er wohnte und arbeitete, sondern auch eine neue Hofkirche, den heutigen Dom. Die Burg und die Kirche waren durch einen dreistöckigen Gang verbunden. So konnte der Kaiser, bequem und ohne die Straße betreten zu müssen, zwischen seiner Wohnung und seiner Kirche hin und her gehen. Das war vor allem bei Regenwetter ziemlich praktisch!

In der Burg gab es bis zur Mitte des 18. Jahrhunderts eine Schatzkammer. Maria von Bayern, die Gattin von Erzherzog Karl II., sammelte hier wertvolle Bücher, Gemälde und Schmuck. Bei der Auflösung dieser Schatzkammer kam der verschollen geglaubte steirische Herzogshut zum Vorschein. Er war ziemlich verstaubt, aber nachdem man ihn lange Zeit vergeblich gesucht hatte, war man froh, ihn überhaupt wieder gefunden zu haben!

WAS IST EIN HERZOGSHUT?

Seit dem 13. Jahrhundert ist der Herzogshut die feierliche Kopfbedeckung der Herzöge. Der Herzogshut ist im Unterschied zur Königskrone nicht aus Gold. Er ist ein purpurroter Hut, der mit einem Hermelinfell geschmückt ist.
Wenn du Lust hast, kannst du dir den steirischen Herzogshut in der Kulturhistorischen Sammlung des Landesmuseums Joanneum in der Neutorgasse 45 anschauen.

Was glaubst du: Ist das ein Mann oder eine Frau? Richtig geraten! Diese Frau ist Maria von Bayern (1551-1608).

DIE DOPPELWENDELTREPPE

Die spätgotische Doppelwendeltreppe wurde 1499 unter Kaiser
Maximilian I. erbaut. Sie diente als Aufgang für die Angestellten des Hofes.
Heute ist diese Wendeltreppe ein tolles Beispiel für gotische Architektur.
Man nennt sie auch Zwillingswendeltreppe, weil zwei eigentlich eigenständi-
ge Wendeltreppen wie Zwillinge nebeneinander liegen, die in der Mitte durch
gemeinsame Stufen verbunden sind. Susi nimmt den linken Treppenaufgang
und Hansi den rechten:
Zähl nach, wie oft sie sich in der Mitte treffen!

ECHTES HANDWERK

Erbaut wurde die Treppe von verschiedenen Steinmetzen. Sie
haben ihre Handwerkszeichen in den Stein gemeißelt. Jeder
wurde für das Stück Treppe bezahlt, das er auch tatsächlich
erbaut hatte. Mach dich auf die Suche nach diesen Zeichen
und mal sie ab!

Die Ehrengalerie im 2. Burghof zeigt Büsten von wichtigen Steirerinnen und Steirern. Jeder einzelne dieser klugen Köpfe hat Besonderes geleistet.

11

KNACK DIE RÄTSELNUSS:
Entwirre die Linien und du erfährst Bemerkenswertes über die gezeigten Personen!

ANTON MUSGER:
Erfinder der Zeitlupe, mit der man Bilder eines Filmes sehr langsam zeigen kann. Schnell ablaufende Vorgänge, die mit normalem Auge nicht erkennbar sind, werden durch die Zeitlupe beobachtbar.

VIKTOR KAPLAN:
Erfinder der Propeller-Turbine, mit der man in einem Wasserkraftwerk Strom erzeugen kann.

PETER ROSEGGER:
Steirischer Heimatdichte[r] dessen Romane, z. B. „Die Waldheimat", sogar verfilmt wurden. Seine Bücher gibt es in 22 Spra[chen], darunter Persisch [und] Japanisch.

ANNA PLOCHL:
Gattin von Erzherzog Johann. Sie gründete 1843 in Graz das erst 4. Kinderspital europaweit.

J. B. FISCHER VON ERLACH:
Architekt und Baumeister, der den Hochaltar und den Stuck im Mausoleum entworfen hat.

Vom 3. Burghof gelangst du in den Burggarten.

ERKENNST DU DIESE ZEICHEN?

Schau dir die Burg im Burggarten genau an. Entdeckst du die fünf Selbstlaute? Immer wenn du die Buchstaben AEIOU auf einem Gebäude, auf einer Truhe, auf Besteck oder Silbergeschirr findest, weißt du, dass der Gegenstand etwas mit Kaiser Friedrich III. zu tun hat. Schon als junger Erzherzog hat er beschlossen, sein persönliches Markenzeichen zu entwickeln und damit alle Dinge zu kennzeichnen, mit denen er in Verbindung gebracht werden wollte.

Kaiser Friedrich III.

KNACK DIE RÄTSELNUSS:

Kannst du diese Jahreszahl entziffern? Du findest sie im Burggarten fünfmal. Manche Ziffern haben im Lauf der Jahrhunderte ihr Aussehen verändert. Die Vier war zu Baubeginn der Burg, im 15. Jahrhundert, eine Acht mit unten offener Schlinge. Die Sieben hat man als kleines Dach dargestellt.

DIE GRAZER OPER

Vom Burgtor aus hast du einen schönen Blick auf das **historistische** Opernhaus, das am Ende der Burggasse zu sehen ist. Es ist das zweitgrößte Opernhaus in Österreich. Ferdinand Fellner und Hermann Helmer erbauten es im Jahr 1899. Die beiden Architekten waren ganz schön fleißig: Sie errichteten ca. 50 Theatergebäude in vielen Städten Europas, darunter in Zürich, Berlin, Prag und Wien. Es gibt immer wieder Führungen durch das Opernhaus, Informationen dazu bekommst du unter 0316/8008-8511. Opernkarten kannst du an der Theaterkasse am Kaiser-Josef-Platz 10 kaufen.

Der Dom

KNACK DIE RÄTSELNUSS:
Erkunde den Dom innen und außen auf eigene Faust! Wo findest du die Motive der folgenden Fotos? Zeichne sie im Plan des Domes ein. Übrigens: Der Dombaumeister heißt Hans Niesenberger.

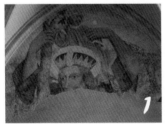

Fresko Kaiser Friedrichs III. in der Gestalt des heiligen Christophorus, um 1460/1470
Kaiser Friedrich III. ließ sich den heutigen Dom als Hofkirche von 1438 bis 1462 erbauen. Du findest sein Motto AEIOU am Westportal der Kirche und im Gewölbe direkt über dem Hochaltar.

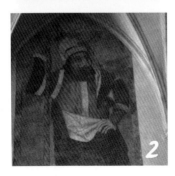

Fresko des heiligen Christophorus, um 1500
In seiner Legende trägt der heilige Christophorus den kindlichen Jesus auf den Schultern über den Fluss. Sein Bild findet man oft in Kirchen, aber auch in Innenhöfen von Häusern, da man im Mittelalter glaubte, einmal am Tag den heiligen Christophorus sehen zu müssen, um vor Unglück oder vor plötzlichem Tod geschützt zu sein.

Brauttruhen der Paola Gonzaga, 15. Jahrhundert
Die beiden kostbaren Truhen rechts und links des mächtigen Bogens, der in den Altarbereich führt, waren Brauttruhen der Paola Gonzaga. Als sie heiratete, bekam sie in diesen Truhen Tischtücher und Bettwäsche als Geschenk mit in die Ehe.
Heute sind es Reliquienschreine, in denen Knochen und Gegenstände von Heiligen aufbewahrt werden.

Maria Magdalena, Kreuzkapelle
Ursprünglich gab es in der Kirche keine Kapellen. Erst im 17. Jahrhundert brach man die Seitenwände auf und schuf vier barocke Kapellen. „Schaut, wie üppig alle Kapellen verziert sind! Ganz typisch für das barocke Bauen. Die Baumeister versuchten, die Wände möglichst lebendig zu gestalten, um den Eindruck zu erwecken, sie würden sich bewegen!", erklärt Susi.

Hochaltar, 1730–1733
Besonders kostbar ist der barocke Hochaltar. Er besteht aus afrikanischem grünem Marmor, aus französischem rotem Marmor und aus italienischem weißem Marmor. Das Altarblatt zeigt den Schutzpatron des Grazer Domes, den heiligen Ägydius. Er hilft Menschen, die in Not geraten sind.

A   B   C

Gottesplagenbild, 1485
Ursprünglich waren die Außenwände des Domes vollständig mit Fresken geschmückt. Erhalten geblieben ist leider nur das Gottesplagenbild von Thomas von Villach an der Südseite. Die unterste Bildzeile erzählt uns vom schrecklichen Jahr 1480, in dem die Steirer mit drei Katastrophen fertig werden mussten:

A: *HUNGER*   Wanderheuschrecken vernichteten die Ernte.
B: *KRIEG*   1480 gab es den ersten Türkeneinfall in der Steiermark, weitere folgten.
C: *TOD*   Die Pest forderte viele Opfer.

WAS IST EIN FRESKO?

Das Wort Fresko leitet sich vom italienischen Wort „fresco" ab, das bedeutet „frisch". Man malt die Motive mit Wasserfarben auf die frisch verputzte, feuchte Wand. Beim Trocknen des Putzes bildet sich an der Oberfläche eine feste wasserunlösliche Schicht, die den Farben einen sehr guten Halt verleiht. Ein Freskomaler sollte sehr gut malen können, denn seine Motive müssen fertig sein, bevor der Putz getrocknet ist!

Beachte die Blütenfresken der Seitenschiffgewölbe. So stellte man sich im 15. Jahrhundert das Paradies vor.

DER SPÄTGOTISCHE DOM ALS GESTAFFELTE HALLENKIRCHE

Bei einer gestaffelten Hallenkirche ist das Mittelschiff höher als die beiden Seitenschiffe. Der Innenraum einer Kirche wird als „Schiff" bezeichnet. Das Mittelschiff ist der Hauptbereich, die beiden Seitenschiffe schließen rechts und links an. Eine Kirche kann auch mehr als zwei Seitenschiffe haben – in der Grazer Stadtpfarrkirche gibt es drei!

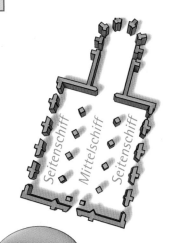

Grundriss einer gestaffelten Hallenkirche

KREUZIGUNG IM GEDRÄNG'

Wirf unbedingt einen Blick in die Friedrichskapelle, deren Eingang an der Nordseite der Kirche liegt. Dort gibt es das außergewöhnlich große Gemälde „Kreuzigung im Gedräng" des Malers Conrad Laib aus dem Jahr 1457. Es gehörte zur allerersten Einrichtung der Kirche, von der sonst nichts mehr erhalten ist.

Öffnungszeiten der Friedrichskapelle:
Mo, Mi, Sa: 10.30–12.30 Uhr, 13.30–16.00 Uhr

WAS IST EIN MAUSOLEUM?

Ein Mausoleum ist ein prächtiges Grabmal. Seinen Namen verdankt es dem König Mausolos, der um 350 v. Chr. in Kleinasien regierte.

Der Entwurf des Hochaltars stammt von Johann Bernhard Fischer von Erlach.

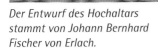

Öffnungszeiten: täglich 10.30–12.30 Uhr, 13.30–16.00 Uhr

Stell dich zwischen Gottesplagenbild und Treppenaufgang ganz ans Ende des kleinen Platzes. So kannst du am besten sehen, dass das Mausoleum von majestätischen Kuppeln gekrönt ist. Es besteht aus zwei Bauwerken, die miteinander verbunden sind: Unter der rechten Kuppel, an deren Spitze der Reichsadler sitzt (der auch als Wetterhahn benützt wird), liegt das eigentliche Mausoleum. Hier haben Kaiser Ferdinand II., seine Gattin Maria Anna von Bayern und sein Sohn Johann Karl ihre letzte Ruhestätte gefunden. Unter der linken Kuppel, die das Kreuz trägt, befindet sich die Katharinenkirche. Die Statue der heiligen Katharina krönt die Fassade.

„Eines ist komisch: Fällt euch auf, dass links und rechts vom Mausoleum kaum Platz ist? Es scheint fast, als ob man es zwischen Dom und Domherrenhof hineingequetscht hätte!", meint Susi.

EINE KNIFFLIGE AUFGABE

Der italienische Baumeister Giovanni Pietro de Pomis hatte mit dem Bau des Mausoleums eine schwierige Aufgabe zu lösen: Er musste den kleinen Platz optimal nützen, denn der Auftraggeber Kaiser Ferdinand II. wollte unbedingt neben dem Dom und in der Nähe der Burg bestattet werden. Die Lösung: Aus der Nähe wirkt die detailreiche Fassade. Für die Weitenwirkung plante de Pomis die Kuppeln.

Die Bauzeit des Mausoleums dauerte mit Unterbrechungen genau 100 Jahre: 1614 gab es Kaiser Ferdinand II. in Auftrag. Nach seinem Tod baute man nicht mehr weiter. Erst Kaiser Leopold I. veranlasste die Fertigstellung der Grabstätte seines Großvaters. 1714 erfolgte schließlich die feierliche Eröffnung.

Der Schneemann aus Marmor, den der Künstler Manfred Erjautz geschaffen hat, behält auch im Sommer einen kühlen Kopf. Achte auf die Uhr an der Fassade, sie spiegelt sich in der Pfütze!

DAS PRIESTERSEMINAR

Verborgen hinter einer Häuserfront findest du in der Bürgergasse 2 ein wahres Juwel: den Hof des Priesterseminars. Er ist beeindruckend, nicht wahr? Mit 1300 m² ist er der größte Grazer Innenhof. Heute wohnen hier im Schnitt 30 Studenten aus Kärnten und der Steiermark, die Priester werden wollen. Erbaut wurde das imposante Gebäude 1572 vom italienischen Baumeister Vinzenz de Verda für den Jesuitenorden.

Der Jesuitenorden ist der größte katholische Orden. Er ist sehr streng organisiert. An der Spitze steht der Generalobere, fast wie beim Militär. Schau dich im Hof um! Die in regelmäßigem Abstand aneinander gereihten Doppelfenster und die Arkadengänge im Erdgeschoß entsprechen der strengen jesuitischen Bauweise.

GEGENREFORMATION IN GRAZ

Durch die Lehren Martin Luthers waren um die Mitte des 16. Jahrhunderts mehr als die Hälfte der Grazer vom Katholizismus zum Protestantismus übergetreten. Ich, der regierende Erzherzog Karl II., war aber katholisch geblieben. Du kannst dir vorstellen, in welcher schwierigen Situation ich mich befand, als meine Untertanen plötzlich eine andere Religion annahmen! Deshalb habe ich 1572 die Jesuiten nach Graz geholt. Sie sollten mir helfen, die Grazer wieder katholisch zu machen. Wirklich gelungen ist dieses Bestreben, das man Gegenreformation nennt, aber erst meinem Sohn Erzherzog Ferdinand. Er war dabei teilweise ganz schön brutal: 1598 ließ Ferdinand die protestantische Stiftsschule, an der Johannes Kepler Lehrer war, schließen. Ab 1599 vertrieb er protestantische Prediger aus Graz. Nach und nach wurden die protestantischen Bürger und Adeligen vor die Wahl gestellt, entweder wieder katholisch zu werden oder die Stadt zu verlassen. Um 1628, als ich nicht mehr lebte, war die Gegenreformation in Graz abgeschlossen. Noch heute ist der Großteil der Grazer Bevölkerung katholisch.

Erzherzog Karl II.

DER DOMHERRENHOF

Wirf einen Blick in den Domherrenhof in der Bürgergasse 1. Der barocke Herkules-Brunnen aus dem Jahr 1764 zeigt, wie Herkules die mehrköpfige Hydra, ein schlangenartiges Ungeheuer aus der griechischen Mythologie, besiegt. Der Brunnen ist ein Symbol für den Sieg der Gegenreformation. Als Erzherzog Ferdinand 1596 nach Graz kam, führten die Jesuiten ein Theaterstück mit dem Titel „Herkules besiegt die 9-köpfige Hydra" auf.

14.

KNACK DIE RÄTSELNUSS:
Hilfe, die Schlangen haben sich verknotet!
Welcher Schwanz gehört zu welchem Kopf?

(1) ....

(2) ....

(3) ....

(4) ....

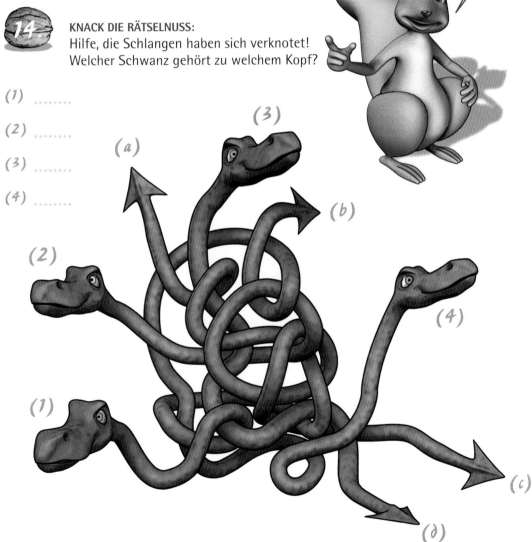

Das Portal des Domherrenhofes aus dem Jahr 1763 hat einiges zu bieten. Heute gestaltet man kaum noch so aufwändige Eingangstore. Es handelt sich um die bedeutendste barocke Torgestaltung der Grazer Altstadt. Veit Königer hat sie sich ausgedacht. Typisch barock sind die Figuren, die du sehen kannst, sie scheinen sich fast zu bewegen! Zwei Steinengel halten das Relief von Erzherzog Karl II., der Graz von 1564 bis 1590 regierte.

TANZENDE STUDENTEN

Im heutigen Domherrenhof wohnten im 18. Jahrhundert adelige Theologie-Studenten. Sie waren nicht arm wie die Kirchenmäuse, im Gegenteil: Sie hatten Diener, einen Tanz- und einen Fechtsaal!

Während Großvater mit Nelli und Moritz über das Studentenleben im 18. Jahrhundert plaudert, fasst Hansi Susi an der Pfote und zeigt ihr etwas ziemlich Komisches.

EIN SCHWEIN AM SEIL

Ein absoluter Geheimtipp ist der Innenhof der Bürgergasse 4. An der Nordseite des Hofes gibt es Sgraffito-Dekorationen. Wenn du genau schaust, kannst du einen Türken entdecken, der ein Schwein an der Leine führt. Das ist eine sehr bösartige Darstellung, denn die meisten Türken gehören dem moslemischen Glauben an und dürfen daher kein Schweinefleisch essen. Die Verzierungen sind um 1577 in der Zeit der allgemeinen Türkenbedrohung entstanden. Weil man vor ihren Kriegs- und Raubzügen Angst hatte, machte man sich auf diese Weise über das türkische Volk lustig.

Der *Glockenspielplatz*

Durch die schmale Abraham-a-Santa-Clara-Gasse gelangen unsere Freunde auf den Glockenspielplatz.

DER GOLDENE REICHSADLER

Wenn du am Ende der Abraham-a-Santa-Clara-Gasse stehst, dreh dich kurz um und schau zurück: Du kannst den goldenen Reichsadler bestaunen, der auf der südlichen Kuppel des Mausoleums sitzt.

KNACK DIE RÄTSELNUSS:

Was glaubst du, wie wurde der kleine Glockenspielplatz wegen seiner Winzigkeit einst genannt?

A: ELEFANTENPLATZL   B: FLIEGNPLATZL

C: DRACHENPLATZL

Die Attraktion des Glockenspielplatzes beherbergt das Haus Nr. 4: Täglich um 11, 15 und 18 Uhr erklingt das Grazer Glockenspiel mit drei Melodien. Aus dem Doppelarkadenfenster des Hauses tanzt ein ca. 1,10 m großes Steirerpärchen aus Holz, das eine Bad Ausseer Tracht trägt. Am Ende jeder Vorstellung kräht der goldene Hahn, der direkt unter dem Giebel hockt.

WIE FUNKTIONIERT DAS GLOCKENSPIEL?

Das Herzstück des Glockenspieles ist das Spielwerk, das im turmartigen Dachaufsatz untergebracht ist. Die Spieltrommel ist eine Walze mit 22.500 Löchern. 800 Stifte stehen zur Verfügung, um drei Melodien hintereinander erklingen zu lassen. Dreht sich die Walze, bewegen sich auch die Stifte und lösen damit den Klang der Glocken aus, die mit Drähten verbunden sind.

Uhrwerk des Glockenspiels

KNACK DIE RÄTSELNUSS:
Löse das Rechenrätsel und du erfährst, wie viele Kilogramm die Spieltrommel des Glockenspiels wiegt! Du musst immer zwei Nachbarzahlen einkreisen, die zusammengezählt 100 ergeben. Die Zahlen können nebeneinander, untereinander oder diagonal beisammen stehen.
Dann brauchst du nur noch die restlichen Zahlen zusammenzählen und du erhältst die Lösungszahl.

95	7	83	17	20	69	144
5	40	228	98	31	90	70
65	35	60	2	10	78	30
24	76	88	25	62	38	57
95	99	12	75	20	43	9
1	56	11	89	80	91	172

Die Lieder werden übrigens fünfmal im Jahr geändert. Wenn du die Titel der Musikstücke wissen willst, schau auf die Tafel auf der linken Seite des darunter liegenden Cafés!

Weihnachtsüberraschung

Es ist nicht schwer, sich den Namen des Mannes zu merken, der das Glockenspiel nach Graz brachte. Du findest ihn in großen Buchstaben am Glockenspielhaus: Gottfried Maurer. Er war der Besitzer einer Schnaps- und Likörfabrik. Deshalb siehst du an der Fassade auch zwei Leute, die einander zuprosten: als Werbung für die Fabrik. Gottfried Maurer war viel unterwegs. Auf seinen Reisen durch Holland, Belgien und Deutschland lernte er verschiedene Glockenspiele kennen. Am 24.12.1905 erklang das Grazer Glockenspiel als Weihnachtsgeschenk für alle Grazer das erste Mal.

DAS GLOCKENSPIEL ENTDECKEN

Du möchtest dir gerne das Uhrwerk aus der Nähe ansehen? Oder über eine „Hühnerleiter" zum Spielwerk klettern? Kein Problem, du kannst eine Führung buchen unter 0664/1411709 oder www.glockenspielhaus.at.

Der Mehlplatz ist einer der beliebtesten Grazer Plätze, weil man im Sommer gemütlich im Gastgarten sitzen und die Stimmung genießen kann. Er hat seinen Namen von den Mehlhändlern und Müllern, die zweimal in der Woche hier ihre Waren verkauften.

BLACK IS BEAUTIFUL

Siehst du das Haus mit der schwarzen Fassade am Mehlplatz 2? Davor, im Straßencafé, sitzen die Leute schon im Frühjahr im Freien, denn durch die Sonne wird die dunkle Fassade aufgeheizt und gibt die Wärme an die davor sitzenden Gäste ab. So kann man oft schon Ende März an einem Sonnentag mit kurzen Ärmeln sein Getränk genießen! Die schwarze Fassade war übrigens ein Werbegag für eine Ausstellung im Jahr 1999 im Landesmuseum Joanneum: Die Farben Schwarz.

Hansi kann seine Augen nicht vom barocken Haus am Mehlplatz 4 lösen: Die Fassade ist mit Herzen geschmückt. Da beginnen auch seine Augen herzförmig zu leuchten, denn Susi ist bezaubernd! Je länger er mit ihr unterwegs ist, desto mehr mag er sie. Susi bemerkt, dass er sie anlächelt, und wendet schüchtern den Blick zu Boden. Sie fühlt sich geschmeichelt, weil Hansi so liebevoll um sie bemüht ist.

Kopie am Haus Mehlplatz 4   *Original an der Mariahilferkirche*

ACHTUNG – KOPIE!

Das Medaillon, das eingebettet in die Herzen den Mittelpunkt der Fassade am Haus Mehlplatz 4 bildet, zeigt eine Madonna mit Kind. Sie wurde nach dem Vorbild des Mariahilfer Gnadenbildes, dessen Schöpfer Giovanni Pietro de Pomis ist, angefertigt. Dieses Bild kannst du dir gemeinsam mit mir anschauen, wenn du mich zur Mariahilferkirche auf Seite 86 begleitest.

Die *Prokopigasse*

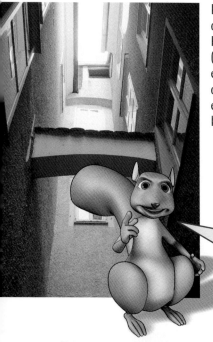

Im linken Haus nach dem Eingang zur Pomeranzengasse 1 (eigentlich Hauptplatz 15) entdeckt das neugierigste der Eichhörnchen, Hansi, einen entzückenden Innenhof.

LUSTIGE SÄULENGESTALTUNG

In Graz muss man wirklich neugierig sein, sonst entgehen einem die besten Dinge! Wenn die Tür des Hauses Hauptplatz 15 (das Haus mit der grauen Rieselputzfassade) zufällig offen steht, schau dir den schönen gotischen Innenhof an. Die prächtigen Sandsteinsäulen sind mit den unterschiedlichsten Mustern gestaltet. Such dir einige Säulen aus und male die Verzierungen in die Kästchen gleich unterhalb. Vielleicht fällt dir ja auch selbst ein Muster ein!

KOMISCHE BEZEICHNUNGEN

Im 16. Jahrhundert hieß der Bereich Prokopigasse / Ecke Pomeranzengasse „in der Grube." Zum gegenüber liegenden Ende der Prokopigasse hat man „im Winkl" gesagt. Die schmale Pomeranzengasse hat ihren Namen vom Wort Orange. Umgangssprachlich wurden Orangen als Pomerantschen bezeichnet. Südfrüchtehändler lagerten in der Pomeranzengasse ihre Waren. Im Haus in der Prokopigasse 2 hat es bis 1940 ein Gasthaus mit dem „einladenden" Namen „Zum Dreckigen Löffel" gegeben. Und trotzdem sind die Leute dorthin essen gegangen ...

Hansi, Susi, Nelli, Moritz und Großvater huschen durch das Tor zwischen der Prokopigasse 8 und 10 in die Altstadtpassage. Sie verbindet den Mehlplatz mit der Herrengasse. ACHTUNG: Du schreitest niemals unbeobachtet durch dieses barocke Tor! Auf dem Schlussstein sitzt eine steinerne Maske, die auf jeden starrt, der das Tor passiert.

KNACK DIE RÄTSELNUSS:
Entschlüssle die Geheimschrift und du erfährst, wie man die dekorativen Fratzen in der Kunstgeschichte bezeichnet!

A	B	C	D	E	F	G	H	I	J	K	L	M	N	O	P	Q	R	S	T	U	V	W	X	Y	Z

Man sagt, dass diese Gesichter böse Geister und Unheil vom Haus abhalten.
„Ich fühle mich beobachtet." Nelli ist ziemlich mulmig zumute. „So, als ob dauernd jemand auf uns runterstarren würde."

Kein Wunder: Schau in der Altstadtpassage nicht nur in die Auslagen der vielen Geschäfte, sondern auch hinauf zu den oberen Stockwerken. Dann kannst du wunderschön gestaltete Arkadengänge aus dem 17. Jahrhundert entdecken. In die Verzierungen direkt oberhalb der toskanischen Säulen des 1. Stockes hat sich eine Fratze verirrt, die auf dich herabglotzt ...

Die Eichhörnchen biegen in der Altstadtpassage nach links ab und gelangen in den Generalihof. Er ist einer der bedeutendsten Renaissance-Innenhöfe in Graz.

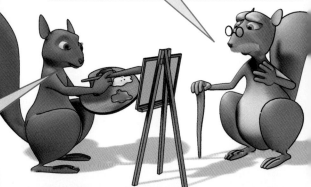

Arkaden im Generalihof

AUF DER BAUSTELLE

In Graz gibt es ungefähr 50 Renaissance-Innenhöfe. Das ist sehr viel! Warum das so ist, ist einfach erklärt: Von 1564 bis 1619 war Graz die Residenzstadt von Innerösterreich. Sogar Teile Italiens, z. B. Triest, wurden von Graz aus regiert. Da die Stadt nun sehr wichtige Aufgaben zu erfüllen hatte, bekam sie auch viele Geldzuschüsse. Dieses Geld verwendete die Stadtregierung zu einem großen Teil, um neue Häuser zu bauen bzw. bestehende zu sanieren. Eine enorme Bautätigkeit setzte ein. Graz musst du dir zu dieser Zeit als riesige Baustelle vorstellen. Gebaut wurde in dem Stil, der aktuell war: Renaissance.

WAS SIND ARKADEN?

Der Generalihof ist ein Arkadenhof. Seine Arkadengänge sind verglast, um sie auch im Winter nützen zu können. Arkade leitet sich vom lateinischen Wort „Arcus" ab, das übersetzt „Bogen" heißt. Arkadengänge oder Arkadenfenster werden durch Bögen gebildet, die von Säulen getragen werden.

Arkaden im Landhaushof

Die Herrengasse ist die Hauptgeschäftsstraße von Graz. Sie reicht im Norden bis zum Hauptplatz und im Süden bis zum Brunnen beim Eisernen Tor, wo du dir im Sommer herrlich die Sonne auf den Bauch scheinen lassen kannst.

Siehst du den Lift aus Glas beim Eisernen Tor? Er wurde im Zuge der Kulturhauptstadt 2003 von Richard Kriesche für die Mariensäule entworfen. Wirf einen Euro ein, fahr hoch und schau dir die Heiligenfigur aus der Nähe an! Das ist wirklich ein schönes Erlebnis, denn sie hat goldenes gewelltes Haar, das bis zum Popo reicht. Das kann man von unten nur schwer sehen. Nebenbei hast du einen tollen Blick aus der Vogelperspektive in die Herrengasse.

SIEG GEGEN DIE TÜRKEN

Die Mariensäule wurde um 1665 aus Dankbarkeit für einen Sieg gegen die Türken im Jahr 1664 in Auftrag gegeben.

DIE STADTPFARRKIRCHE

Im südlichen Teil der Herrengasse sticht dir der Turm der Stadtpfarrkirche „Zum Heiligen Blut" ins Auge. Eigentlich ist das gar kein richtiger Turm. Die Stadtpfarrkirche wurde im 15. Jahrhundert vom Bettelorden der Dominikaner erbaut. Bettelordenskirchen mussten ganz einfach sein, sie durften keinen Turm haben. Erst um 1780, also 300 Jahre später, gestaltete der Baumeister Joseph Stengg den barocken turmähnlichen Aufsatz.

18. **KNACK DIE RÄTSELNUSS:**
Ordne den Wörterwirbel und du
erfährst, wie man solche turmähnlichen
Gebilde, die meist aus Holz sind, nennt!

I A E R C E R
D R H E T

EIN GESCHÄFT MIT TRADITION

Das kleine Süßigkeitengeschäft
anschließend an die Stadtpfarrkirche
war um 1600 die Annakapelle.
1793 wurde diese Grabkapelle
aufgelöst, von der Kirche getrennt
und als Aufbewahrungsort für
kirchliche Gegenstände verwendet.
Das war natürlich sehr schade,
denn so konnte niemand mehr
die schöne barocke Stuckdecke
bewundern. Schon wenige
Jahre später (1828) öffnete das
Wachskerzengeschäft Haller seine
Pforten. Heute bekommst du
hier neben süßen Naschereien
schöne Kerzen und um die
Weihnachtszeit außergewöhnliche
Christbaumkugeln.

WIE ENTSTEHT SCHOKOLADE?

Die wichtigste Grundlage für Schokolade
sind Kakaobohnen. Kakaobohnen
wachsen in Schoten und jede
Kakaoschote enthält etwa 40 Bohnen.
Die Bohnen werden aus den Schoten
herausgeschält und getrocknet.
Abgefüllt in Säcken kommen sie in eine
Schokoladenfabrik. Hier werden sie
geröstet, zu einer Kakaomasse zermahlen
und mit Sahnepulver vermischt. Durch
das Erhitzen der Masse verschwinden
die eigentlich bitter schmeckenden
Stoffe der Kakaobohne. Danach wird
die Schokomasse mehrere Stunden
gerührt, bis sie ganz zart ist. Jetzt
kommen weitere Zutaten wie Milch,
Zucker, Trauben oder Nüsse dazu, je
nachdem, welche Schoko entstehen soll.
Die dickflüssige Schokoladenmasse wird
in eine Form gefüllt. Ist sie getrocknet,
löst man die Form ab und fertig ist die
Schokoladentafel!

FRANZOSENKRIEGE

Im Haus Herrengasse 13 übernachtete im April 1797 Napoleon Bonaparte, als er sich während der Franzosenkriege in Graz aufhielt!

AM WEIHNACHTSBAUM DIE LICHTER BRENNEN ...

In der Herrengasse 28 wohnte im 19. Jahrhundert die Familie Pachler. Marie Pachler hat für ihren Sohn Faust den allerersten Christbaum in Graz aufgestellt! Sie war eine sehr kunstsinnige Dame und eine hervorragende Klavierspielerin. Gerne versammelte sie Musiker und Schriftsteller um sich. 1827 übernachtete z. B. Franz Schubert anlässlich seines Grazaufenthaltes im Haus der Familie Pachler. Ein Gedenkmedaillon am Haus Herrengasse 28 erinnert daran.

DAS GEMALTE HAUS

Seit 1742 bilde ich, Jupiter, mit meinen Kollegen aus der griechisch-römischen Sagenwelt dieses 221,25 m² große Fassadenfresko in der Herrengasse 3. Toll, nicht? Geschaffen hat uns ein steirischer Maler namens Johann Mayer. So eine Fassade findest du in ganz Österreich kein zweites Mal.

Das gemalte Haus wird auch als Herzogshof bezeichnet. Bis zum Bau der Grazer Burg ab der Mitte des 15. Jahrhunderts war es das Amtshaus für die regierenden Landesfürsten der Steiermark. Kam der Landesfürst nach Graz, wohnte und arbeitete er für diese Zeit im Herzogshof. Hier hat er Verträge geschlossen und Lehen vergeben, das heißt, er hat Land gegen Geld an die steirischen Adeligen verteilt. Der jeweilige Besitzer des Herzogshofes musste keine Steuern zahlen. Dafür überließ er dem Landesfürsten während seines Grazaufenthaltes sein Haus.

DAS LANDHAUS

In der Herrengasse 16 befindet sich das Landhaus. Bevor die Eichhörnchen das mächtige Renaissanceportal durchschreiten, werfen sie einen Blick auf die Fassade.

KNACK DIE RÄTSELNUSS:
Löse das Rätsel und hilf Moritz damit auf die Sprünge! Ihm fällt nicht ein, an welches Land ihn diese Architektur erinnert. Du weißt bestimmt, zu welchem Land folgende Begriffe passen:

SPAGHETTI FIAT

GIUSEPPE VERDI PIZZA

TIRAMISU MEER

Da das Landhaus von Domenico dell' Aglio (mehr zu diesem italienischen Baumeister findest du auf Seite 18) erbaut wurde, zeigt es einen starken oberitalienischen Einfluss. In Venedig gibt es oft diese Doppelarkadenfenster. Wenn hier statt der Straßenbahn Vaporetti, das sind schwimmende Autobusse, fahren würden, könnte man fast glauben, man wäre in Venedig!

VERSTECKTE KOSTBARKEITEN

Nimm den Balkon im 2. Stock genauer unter die Lupe. Auf der Unterseite des Vordaches findest du sechs Felder mit unterschiedlichen Malereien. Entdeckst du die Putten, die das Wappen mit dem steirischen Panther halten?

Versuch, die Rumortafel (rumoren = Krach machen, lärmen) auf der rechten Seite des Eingangstores zu entziffern. Sie ist in der deutschen Sprache geschrieben, die die Menschen im 16. Jahrhundert gesprochen haben. Diese Tafel, die Erzherzog Karl II. 1588 anbringen ließ, ist eine Mahnung an alle, sich bei Festen im Landhaushof ordentlich zu benehmen. Anscheinend ist es oft ziemlich rund gegangen! Laut Inschrift war es verboten, das Brotmesser zu zücken, sich zu balgen oder zu schlagen, ansonsten würde man „an Leib und Leben" bestraft werden.

LANDESFÜRST UND LANDSTÄNDE ODER WARUM DAS LANDHAUS ERBAUT WURDE

Die Landstände setzten sich aus hohen Vertretern der grundbesitzenden Klöster, aus Adeligen und Vertretern der landesfürstlichen Städte und Märkte zusammen. Sie bildeten ein wichtiges Gegengewicht zum Landesfürsten. Wollte der Landesfürst z. B. die Steuern erhöhen, benötigte er dazu die Zustimmung der Landstände. Die Landstände ließen sich das Landhaus erbauen, um einen neutralen Sitzungsort, an dem man auch Macht demonstrieren konnte, zu erhalten.

Heute noch tagt der Landtag, das Steiermärkische Landesparlament, im westlichen barocken Teil des Landhauses. Wenn du den Portier bittest und nicht gerade eine Sitzung stattfindet, wird er dir die Landstube aufsperren. Bei dieser Gelegenheit kannst du dir den Rittersaal und die Landhauskapelle anschauen!

In diesem Teil des Landhauses tagt das Steiermärkische Landesparlament.

Betrittst du den Landhaushof, wirst du gleich verstehen, warum hier gerne Feste gefeiert werden. Das ganze Jahr über finden im Hof Veranstaltungen statt. Kein Wunder: Die Atmosphäre dieses wunderschönen Renaissance-Arkadenhofes ist einfach toll!

LASS DICH NICHT TÄUSCHEN!

Nur die dreistöckigen Arkaden im Norden und im Osten sind wirklich in der Zeit der Renaissance von 1557 bis 1565 erbaut worden. Der südliche Arkadengang zum Zeughaus hin wurde im Stil der Neo-Renaissance 1890 hinzugefügt, um die beiden Gebäudeteile zu verbinden!

DRACHEN ALS REGENRINNE

Du musst dir unbedingt die tollen Drachenwasserspeier anschauen! Sie sind mehr als 400 Jahre alt und stammen von zwei unterschiedlichen Künstlern aus den Jahren 1561 bzw. 1564.

KNACK DIE RÄTSELNUSS:
Wie kleidet sich ein Ritter? Ordne die durcheinander gewürfelten Begriffe den richtigen Körperteilen zu!

WARUM WIRD KUPFER GRÜN?

Reines Kupfer ist ein hellrotes zähes Metall. Es oxidiert, d. h. es verbindet sich mit Sauerstoff, und bildet einen grünen schützenden Überzug, den man Patina nennt. Deshalb sind die Drachenkopfwasserspeier, obwohl sie aus Kupfer sind, grünlich.

1. Helm
2. Visier
3. Schulterstück
4. Armschiene
5. Eisenhandschuh
6. Brustharnisch
7. Kniestück
8. Beinschiene
9. Eisenschuh

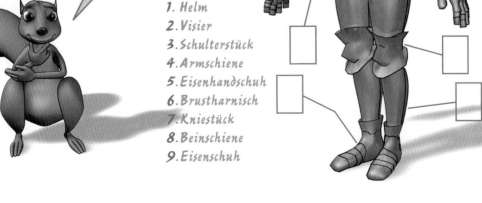

DAS LANDESZEUGHAUS

Gleich südlich anschließend an das Landhaus versteckt sich eines der spannendsten Museen in Graz: das Landeszeughaus. Schau es dir an! 32.000 Stück Waffen vom 15. bis zum 19. Jahrhundert und jede Menge verschiedenes anderes historisches Kriegsinventar bilden eine der größten Waffensammlungen der Welt. Seit 1644 wird es durchgehend als Waffenkammer verwendet. Zwei Jahre zuvor wurde es 1642 vom italienischen Baumeister Antonio Solar im Anschluss an das Landhaus erbaut. Aus einem wichtigen Grund: Wegen der drohenden Türkengefahr wollten der Landesfürst und die Landstände die Waffen an einem zentralen Ort lagern.

GLOTZENDE TÜRKLOPFER

Die Türklopfer am Eingangsportal haben Gesichter!

Tel.: 0316/8017-9660
www.zeughaus.at
Öffnungszeiten:
1. April–31. Oktober
Di–So: 10–18 Uhr,
Do: 10–20 Uhr
1. November–31. März
Di–So: 10–15 Uhr

Blick in das 3. Stockwerk des Landeszeughauses

WAS IST EIN HARNISCH?

Ein Harnisch ist eine Schutzausrüstung für den Oberkörper. Er besteht aus beweglichen miteinander verbundenen Eisenplatten oder Eisenröhren, die dem menschlichen Körper angepasst sind.

LUNTE RIECHEN

Weißt du eigentlich, woher die Redewendung „Lunte riechen" (jemand ahnt etwas schon im Vorhinein) kommt? Bei Luntenschlossgewehren rieben die Soldaten die Lunte mit der leicht brennbaren Substanz Salpeter ein. Mit dem Zündkraut wurde anschließend die Zündung ausgelöst und der Schuss ging los. Da Salpeter stinkt, konnten die Soldaten die Lunte der anschleichenden Feinde schon riechen, bevor sie sie sahen.

Der *Hauptplatz*

Seit seiner planmäßigen Anlegung um 1160 ist der Hauptplatz das Zentrum der Grazer Altstadt.

KAUFT EIN, IHR LIEBEN LEUT'!

Neben dem täglichen Markt der Kleinhändler gab es auf dem Hauptplatz regelmäßig Wochenmärkte, an denen die Bauern mit ihren Pferdewagen in die Stadt kamen und ihre Produkte zum Verkauf anboten. Am lebhaftesten war es zur Zeit der Jahrmärkte, wenn vier Mal im Jahr Händler aus den unterschiedlichsten Ländern nach Graz kamen und der Platz über und über mit Menschen gefüllt war. An diese Zeit erinnern im Norden des Platzes noch einige Marktstände, bei denen du von Obst, Würsteln über Bioprodukte bis hin zu griechischen Spezialitäten alles bekommst.

WENN DAS FETT NUR SO SPRITZT ...

Wenn du Hunger hast, bestell dir doch ein Würstel bei einem der Würstelstände. Du musst unbedingt die folgende Geschichte vom steirischen Schriftsteller Reinhard P. Gruber lesen, in der er einen Ausflug mit seiner Oma nach Graz beschreibt. Die ist echt lustig!

Ich habe großen Hunger und meine Oma auch. Meine Oma erzählt mir von den guten Würsteln, die es in Graz am Würstelstand gibt, und da kommen wir schon am Würstelstand vorbei. Der Würstelstand gehört zu Graz, wo sich Jung und Alt trifft. Auch die Würstel sind jung und alt. Die Jungen sind die Frankfurter, die sehr gut schmecken und eine ganz glatte Haut haben und die alten sind die Krainer, die ganz runzlig sind und fett und schiach, das heißt unhübsch. Wenn man in die Frankfurter beißt, passiert nichts. Beißt man in die Krainer, dann spritzt die Fett'n bis zum Nachbarn, wie bei meiner Oma. Die Nachbarn am Würstelstand tragen daher immer einen Steireranzug, der schon ein bisschen speckig ist. Am Kragen pickt die Fett'n besonders gern, aber dort fällt es sowieso nicht auf.

Auf dem Hauptplatz standen der Pranger, der hölzerne Esel und der eiserne Narrenkäfig. Mit diesen Geräten wurden Gesetzesbrecher öffentlich bestraft. Jedermann konnte sie verspotten und auslachen.

Ein Pranger ist ein Pfahl, an den man die Verbrecher band. Kennst du das im Turnunterricht verwendete hölzerne Pferd? So sah der hölzerne Esel aus, nur nicht gepolstert. Darauf musste ein Betrüger stundenlang „reiten". Nicht zuletzt diente auch der eiserne Narrenkäfig dazu, Gauner und Randalierer dem Spott der Öffentlichkeit auszusetzen. Dieses Schauspiel ereignete sich hauptsächlich während der Wochenmärkte, an denen die meisten Menschen auf dem Hauptplatz zu tun hatten.

DAS RATHAUS

Im Rathaus, das den Hauptplatz nach Süden hin abschließt, befindet sich der Sitz des Bürgermeisters, seiner Stadtregierung und des Gemeinderates. Es ist bereits das dritte Rathaus an der gleichen Stelle.

STURE STEIRER

Das aktuelle Rathaus entstand von 1887 bis 1893 im Stil des Historismus. Es übertrifft an Größe seine beiden Vorgängerbauten bei weitem. Zum Zweck der Vergrößerung hat man Häuser in der Herrengasse und in der Landhausgasse gekauft. Da sich zwei Grazer Bürger weigerten, ihre Häuser in der Herrengasse zu verkaufen, wurden ihre Häuser einfach in das Rathaus integriert. In der Herrengasse findest du heute noch drei Gebäude, die nicht im selben Stil wie das Rathaus erbaut sind, sieh dir die Dächer an!

RATHAUSBESICHTIGUNG

Führungen durch das Rathaus gibt es nur für Grazer Volksschulklassen. Deine Lehrerin oder dein Lehrer kann deine Klasse unter 0316/872-0 dazu anmelden.

DAS LUEGGHAUS

Das Luegghaus auf dem Hauptplatz / Ecke Sporgasse ist ein schönes Beispiel dafür, wie Händler ihre Waren vor der Witterung schützten: Sie legten sie unter den Erdgeschoßlauben aus.

FLEISSIGE WÄSCHERINNEN

Bis in die 20er Jahre des 20. Jahrhunderts versammelten sich unter den Lauben des Luegghauses die Wäschermädchen, die die Wäsche der feinen Grazer Gesellschaft wuschen. Heute kannst du dich prima hier unterstellen, wenn es plötzlich zu regnen beginnt!

ZUNGE RAUS

Stell dich gegenüber einer der beiden Fassaden des Luegg-hauses hin und betrachte die wunderschöne barocke Stuck-dekoration von Domenico Boscho aus dem Jahr 1699. Entdeckst du zwischen den Frucht- und Blumengirlanden die Gesichter? Manche schauen mürrisch, manche lächeln. Eines streckt sogar die Zunge heraus!

WAS IST STUCK?

Bei Stuck handelt es sich um ein Gemisch aus Gips, Kalk, Sand und Wasser. Da es sich feucht leicht formen lässt, ist es ein beliebtes Dekorationsmaterial für Decken und Wände.

Während Moritz, Nelli und der Großvater staunend die Nasen und Münder suchen, erwischt Hansi Susi bei der Hand und zeigt ihr den Innenhof des Hauses Hauptplatz 16 (Eingang beim Ratskeller). Es ist ein perfekter Hof für jemanden, der ein wenig Ruhe sucht nach dem Trubel am Hauptplatz. Es kann zwar passieren, dass im Hof Waren der umliegenden Geschäfte gelagert sind, dafür kann man aber wunderschöne Sgraffito-Dekorationen bewundern. Susi und Hansi genießen den Moment.

DAS ERZHERZOG-JOHANN-BRUNNEN-DENKMAL

Den Mittelpunkt des Hauptplatzes bildet ein Denkmal-Brunnen für Erzherzog Johann, der 1878 im Beisein von Kaiser Franz Josef I. eingeweiht wurde.

KNACK DIE RÄTSELNUSS:

Die vier Frauengestalten am unteren Teil des Brunnens stehen jeweils für einen Fluss, dessen Namen du direkt unter den Figuren ablesen kannst. Zwei der Flüsse fließen heute noch durch die Steiermark, zwei durch Kärnten bzw. Slowenien. Betrachte die Frauenfiguren genau, sie haben stellvertretend für die Regionen unterschiedliche Dinge in der Hand. Ordne die Namen der Flüsse den Dingen zu:

Ährenbündel: ....

Vase: ....

Schale: ....

Traubenkorb: ....

KNACK DIE RÄTSELNUSS:
Siehst du die vier Nischenfiguren am Sockel des Brunnens? Sie verkörpern die Bereiche, für die sich Erzherzog Johann in der Steiermark ganz besonders einsetzte. Wenn du wissen willst, welche das sind, dann suche die waagrecht und senkrecht versteckten Begriffe!

I	Y	O	K	L	W	W	X	A	C	D	J	N	I	Z
L	A	N	D	W	I	R	T	S	C	H	A	F	T	I
R	K	N	D	I	S	M	A	K	E	P	I	M	H	U
W	J	S	L	P	S	H	G	B	P	F	R	H	L	Q
M	L	Q	D	H	E	N	Z	F	J	O	I	N	W	I
W	B	V	I	V	N	E	C	E	H	P	B	G	G	H
Z	E	U	E	I	S	E	N	B	A	H	N	B	A	U
V	R	R	O	L	C	R	X	D	G	V	F	U	R	F
S	G	H	L	D	H	L	M	D	Y	Q	H	B	O	T
E	B	B	S	N	A	C	S	P	J	I	C	W	S	H
K	A	A	T	H	F	Z	O	K	D	A	E	H	Y	M
U	U	L	Q	K	T	M	N	N	L	O	D	R	Z	K

ERZHERZOG JOHANN

Erzherzog Johann (1782-1859) prägte die Steiermark wie kein anderer seiner Zeit. Hineingeboren in die bedeutende Herrscherfamilie der Habsburger, hat er seine fortschrittlichen Ideen hauptsächlich in der Steiermark umgesetzt. Er interessierte sich sehr für die Landwirtschaft, für die Technik und für die Natur. Er richtete Musterbauernhöfe ein, auf denen die Bauern die modernsten Anbaumethoden erlernen konnten. Außerdem förderte er den Anbau der Kartoffel. Die Bauern glaubten damals nämlich noch, dass es schädlich sei, Kartoffeln zu essen. Auch die Bildung war Erzherzog Johann ein Anliegen. Mit seiner naturwissenschaftlichen Sammlung legte er nicht nur den Grundstein für das Landesmuseum Joanneum, sondern auch für die Technische Universität, die Erzherzog-Johann-Universität. Auf seine Anregung hin entstand ein Leseverein, aus dem die heutige Landesbibliothek und das Landesarchiv hervorgingen. Erzherzog Johann setzte sich außerdem dafür ein, dass die Südbahn von Wien nach Triest über den Semmering und durch die Steiermark führte, was die steirische Wirtschaft ankurbelte, da mit der Eisenbahn Waren schneller und besser transportiert werden konnten.

Der heilige Christophorus

KNACK DIE RÄTSELNUSS:
Am Haus Hauptplatz Nr. 6 gibt es ein Fresko des heiligen Christophorus. Wo auf unserem Rundgang sind wir ihm schon begegnet?

Erzherzog Johann

„Und was machen wir jetzt?", fragt Nelli und schaut sich um. Die Eichhörnchen spüren Flügelschläge und entdecken eine Taube, die sich zu ihnen gesellt. Sie gurrt Hansi und seinen Freunden zu:

Ihr müsst euch unbedingt das Franziskanerviertel anschauen. Nehmt den Weg durch die Franziskanergasse, das ist die bunteste und lustigste der kleinen Gässchen, die zum Franziskanerplatz führen. Manche behaupten ja, in Graz könne man italienisches Lebensgefühl spüren. Das ist besonders in der Franziskanergasse zu merken. Manchmal riecht es hier ganz stark nach Knoblauch und Gewürzen! Schon im 18. Jahrhundert haben italienische Kaufleute in dieser belebten Geschäftsgasse ihre Meeresfrüchte und Fische verkauft. Na ja, ich mag ja viel lieber Brotkrümel und Körner.

SCHRÄGE KIRCHE IN DER HÖLL'

Das Franziskanerkloster ist das älteste Kloster in Graz. Schon 1239 ließen sich die ersten Mönche des Franziskanerordens hier „in der Höll'" nieder. Komisch, was? Gerade Mönche suchten sich „die Hölle" für ihr Kloster und ihre Kirche aus. Der Grund für diesen eigenartigen Zufall liegt darin, dass der Bereich zwischen Hauptplatz und Franziskanerkloster bis ins 18. Jahrhundert „in der Höll" hieß. So bezeichnete man auch in anderen Städten die tiefstgelegene Stelle. Außerdem zählte das Franziskanerviertel im 13. Jahrhundert zu den ärmsten Teilen der Stadt. Fällt dir auf, dass die Kirche eine sonderbare Schrägstellung hat? Man musste den Bau einem Mur-Seitenarm anpassen, der über den heutigen Platz floss.

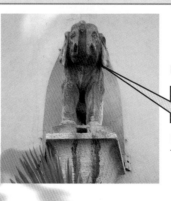

24.

KNACK DIE RÄTSELNUSS:

Kannst du erkennen, wer ich bin?

Finde heraus, um welches Tier es sich handelt.

DAS KÄLBERNE VIERTEL

Zwischen der Franziskanerkirche und der Mur arbeiteten die Fleischer auf ihren Schlachtbrücken. Die Kühe schlachteten sie direkt über der Mur, die unverwertbaren Reste schmissen sie praktischerweise gleich in den Fluss. Da die Fleischer kaum Kühlmöglichkeiten hatten, konnte das Fleisch nicht lange aufbewahrt werden. Schließlich gab es damals ja noch keine Kühlschränke! Die Fleischer verkauften das Fleisch an Ort und Stelle. Daher kommt der Name „Kälbernes Viertel".

ZWISCHEN HÖLLE UND PARADIES

Obwohl du hier „in der Höll'" bist, findest du im Inneren des Franziskanerklosters ein wahres Paradies. Such den Klostereingang (an der Westseite des Franziskanerplatzes), tritt in den Kreuzgang und besuch den kleinen Klostergarten. Genieß diesen wunderbaren Ort der Stille mitten in der manchmal sehr hektischen Stadt!

Hansi und Susi setzen sich auf eine Bank im kleinen Garten und lassen die Atmosphäre auf sich wirken. Susi rückt ganz nah an Hansi, dessen Herz rasend klopft.

DREI STILE IN EINEM GARTEN

Im Klostergarten können besondere Spürnasen drei Stilepochen erkennen. Die mittelalterlichen Arkaden im Erdgeschoss stammen aus der Gotik. Die Sgraffito-Dekorationen entstanden in der 2. Hälfte des 16. Jahrhunderts in der Zeit der Renaissance. Der Kirchturm aus dem Jahr 1643 ist barock. Wie alle Bettelordenskirchen hatte die Franziskanerkirche ursprünglich keinen Turm. Da sie aber an einer sehr wichtigen Stelle der Stadtmauer lag, wurde auf Anordnung der Stadtregierung ein Turm gebaut, um nach Feinden Ausschau halten zu können.

61

Der mittelalterliche Kreuzgang des Franziskanerklosters war vom 14. bis zum 18. Jahrhundert eine beliebte Begräbnisstätte der Grazer. Viele der Grabsteine geben Aufschluss über das Leben der Menschen in früherer Zeit. Findest du den Kindergrabstein des kleinen Egidius Khann? Die Inschrift betont, dass das Söhnlein ehelich gezeugt wurde. Es war sehr wichtig für Kinder, verheiratete Eltern zu haben, da sie von der Gesellschaft sonst nicht akzeptiert wurden und so kaum eine Chance auf ein erfolgreiches Leben hatten.

Auf den Grabsteinen findest du viele interessante Berufsbezeichnungen. Mach dich auf die Suche nach folgenden Berufen, die in den Grabinschriften versteckt sind:

Mundkoch:
Koch einer herrschaftlichen Familie

Gastgöb: Gastwirt Hans Fritz

Apotheker: Grabstein der Frau und der beiden Töchter des Apothekers Johannes Fetzer. Die Landschaftsapotheke in der Sackstraße 4 war fast 200 Jahre lang im Besitz der Familie Fetzer!

Bader: Ein Bader arbeitete in einer Badstube. Er schnitt Haare und rasierte Bärte. Er durfte sogar kleine chirurgische Eingriffe wie das Zähneziehen vornehmen.

Tafeldockerin: Sie deckte den herrschaftlichen Tisch, die Tafel, half aber auch im Haushalt mit.

DIE MARIAGRÜNER KIRCHE

Der Grabstein des Grazer Gastwirtes Hans Fritz im Kreuzgang des Franziskanerklosters erinnert an die Gründung der Mariagrüner Kirche: Anlässlich der schweren Geburt seines ersten Sohnes versprach Hans Fritz den Bau einer Kirche, sollten sein Kind und seine Frau überleben. Da er in der Gegend um Mariagrün einen Weingarten besaß, wurde die Kirche 1669 dort erbaut. Willst du mehr über diese Kirche wissen, dann hops auf Seite 114.

DER KAPAUNPLATZ

LECKER ...

Der Kapaunplatz ist benannt nach den Kapaunen. Das sind Hähne, die man durch Kastrieren unfruchtbar macht, um sie besser mästen zu können. Schließlich soll doch genug Fleisch auf den Knochen sein! In alten Kochbüchern findet man immer wieder Kapaunrezepte.

Kapaunplatz 2, eine von ungefähr 50 Mutter-Gottes-Statuen an den Hausfassaden der Grazer Innenstadt

DIE DAVIDGASSE

So könnte das Menü einer bürgerlichen Familie an einem Sonn- oder Feiertag vor 250 Jahren ausgesehen haben:

1. *Gang: Brotsuppe*
2. *Gang: Eierspeise*
3. *Gang: Fisch in Sardellensauce*
4. *Gang: Rindfleisch mit Milchkren*
5. *Gang: Kapaun mit Erdäpfelpüree*
6. *Gang: Topfengolatschen*

FEUER!

Puh, die Davidgasse ist ganz schön eng! Sie wurde absichtlich so schmal gebaut, denn sie ist eine Reiche. Eine Reiche ist ein ganz enger, aber wichtiger Durchgang zwischen zwei Häuserreihen. Die Grazer bildeten im Fall eines Brandes eine Menschenkette und reichten das Murwasser in Eimern durch die Davidgasse, quer über den Hauptplatz zur Pomeranzengasse, einer weiteren Reiche. So versuchten sie Brände in der Innenstadt so schnell wie möglich zu löschen.

MIT SACK UND PACK

Die Sackstraße gehört zu den ältesten Gassen in Graz. Um 1130/1140 entstand hier eine kleine Siedlung, die bis zum heutigen Schloßbergplatz reichte. Man bezeichnete diesen Bereich als 1. Sack, da die Siedlung Richtung Norden ohne Ausgang an die Stadtmauer grenzte. Die Menschen ließen sich bewusst genau an diesem Ort nieder: Das klare Wasser der Mur benötigten sie für das tägliche Leben, die kleine Burg auf dem Schloßberg bot ihnen die nötige Sicherheit. Dieser kleine Markt wurde im Laufe der Jahrhunderte immer größer. Die Stadt Graz entstand.

DAS HOTEL ERZHERZOG JOHANN

Das beliebte Hotel Erzherzog Johann in der Sackstraße Nr. 3-5 hat eine Jugendstil-Fassade. Das Hotel entstand durch den Umbau eines barocken Hauses. Den Innenhof des ursprünglichen Hauses gibt es noch immer: Er wurde überdacht und ist nun ein Restaurant. Erzherzog Johann hat 1852 übrigens persönlich seine Zustimmung dazu erteilt, dass das Haus nach ihm benannt wird!

DER KASTNER & ÖHLER

Hallo! Weißt du eigentlich, dass es dem Zufall zu verdanken ist, dass es in Graz das supertolle Kaufhaus Kastner & Öhler gibt? Carl Kastner war auf Geschäftsreise von Wien nach Zagreb. Weil er so schusselte, versäumte er in Graz den Anschlusszug. Ziemlich verärgert machte er aus der Not eine Tugend und bummelte durch Graz. Die Stadt gefiel ihm so gut, dass er sich 1883 entschloss, gemeinsam mit seinem Partner Hermann Öhler unser Kaufhaus zu eröffnen. Die Spielzeugabteilung kann sich wirklich sehen lassen! Übrigens: Wir hatten 1954 die allererste Rolltreppe der Steiermark.

DER PARADEISHOF

Beim Bewundern der Auslagen des Kaufhauses Kastner & Öhler gelangt Nelli durch die glasüberdachte Passage in den Paradeishof. „Schaut euch nur diesen tollen Innenhof an!", ruft sie den anderen Eichhörnchen zu. „Wer da wohl in den Arkadengängen spaziert ist?"

RAUCHENDER KOPF

Johannes Kepler spazierte durch die Arkadengänge des Paradeishofes, um sich von seinen Schülern zu erholen, die manchmal ganz schöne Rabauken sein konnten. Ab 1574 befand sich im heutigen Paradeishof die protestantische Stiftsschule, an der der Astronom und Mathematiker sechs Jahre lehrte. Da es zu wenige Mathematikstudenten gab, unterrichtete er zusätzlich noch Rhetorik und Poetik. Im Zuge der Gegenreformation verließ Kepler Graz und ging nach Prag, da er sich weigerte, Katholik zu werden. Eine Gedenktafel im Paradeishof erinnert an seine Zeit in Graz.

KNACK DIE RÄTSELNUSS:
Löse das Rätsel und du erfährst, welche österreichische Hauptstadt ihre Universität nach Johannes Kepler benannte! Wenn du Hilfe brauchst, schlag auf Seite 16 nach.

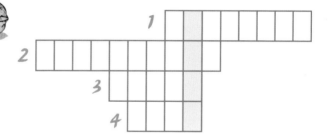

Wonach sind Keplers berühmte Gesetze benannt? Nach den ... *1*
Neben Mathematik interessierte er sich auch noch für die ... *2*
Wie kam er von Tübingen in Deutschland nach Graz? Er musste ... *3*
In welcher Stadt beobachtete er die Sonnenfinsternis im Jahr 1600? In ... *4*

Der Name Paradeishof hat nichts mit Paradeisern, das sind Tomaten, zu tun. Nachdem die protestantische Stiftsschule geschlossen wurde, öffnete hier ein katholisches Frauenkloster mit dem Namen „Zu Allerheiligen im Paradeis" seine Pforten. Das heißt so viel wie „Zu Allerheiligen im Paradies"! „Und ich hab schon gedacht, die Schüler haben im 16. Jahrhundert schlechte Lehrer mit faulen Tomaten beworfen!", kichert Moritz.

DAS HAUS ZUM ROTEN KREBSEN

Im Mittelalter war Graz eine Ackerbürgerstadt. Das bedeutet, dass viele Grazer einen handwerklichen Beruf ausübten und gleichzeitig einen kleinen Bauernhof bewirtschafteten. Dazu benötigten sie ein entsprechendes Haus, eine so genannte Hofstätte, das auch Platz für einen Garten bot. Das Haus zum Roten Krebsen in der Sackstraße 14 ist ein schönes Beispiel dafür: Merkst du, wie „lang gezogen" es ist? Der Besitzer hatte sein handwerkliches Geschäft im Vorderhaus zur Sackstraße, im rückwärtigen Teil des Gebäudes waren der Wohnbereich und die Stallungen untergebracht. Außerdem gab es noch Platz für eine Wiese, wo man ein oder zwei Kühe oder Schafe hielt und einen Gemüsegarten pflegte.

HÄNGENDE WÜRSTL

Über dem Eingang zum Gasthaus Krebsenkeller gibt es eine tolle offene Vorhalle. In den Ringen an der Decke steckten Holzstangen, auf denen Schinken und Würste zum Lufttrocknen aufgehängt wurden. Mhm! Oder die Bewohner befestigten hier Lederkübel, um sie im Falle eines Brandes griffbereit zu haben.

KNACK DIE RÄTSELNUSS:
Aktiviere deinen detektivischen Spürsinn! Im Hof gibt es an einer der Mauern ein Relief, auf dem du in gotischer Schrift Folgendes lesen kannst: *Jörg Kleindienst und Ursula Schelch, seine Hausfrau, haben mich von Grund auf erbaut.*
Zwei Jahreszahlen geben Aufschluss darüber, wann das Haus errichtet wurde. Welche Jahreszahlen sind das?

Die Glyzinien im Hof des Krebsenkellers blühen im April und Mai am allerschönsten!

DIE NEUE GALERIE

Du fragst dich bestimmt, warum die Neue Galerie in der Sackstraße 16 zwei Eingangstore hat. Ganz einfach: Ursprünglich gab es hier zwei Häuser mit zwei Besitzern. Ein Besitzer kaufte das Nachbarhaus und vereinigte es mit seinem Haus zum großen Palais Eggenberg-Herberstein.

Hallihallo! Ich bin eine von jenen Putten, die du entlang der barocken Treppenanlage im Innenhof der Neuen Galerie besuchen kannst. Nicht nur meine pausbäckigen Freunde und ich sind einen Besuch wert, sondern auch die Kunstsammlung der Neuen Galerie des Landesmuseums Joanneum! Wechselnde Ausstellungen zeigen Gemälde, Skulpturen, Fotos, Videopräsentationen und noch viel mehr vom 19. Jahrhundert bis zur Gegenwart. Bei dieser Gelegenheit kannst du gleich ein wenig barocke Luft schnuppern: Im Rahmen der Ausstellungen kannst du dir auch die früheren Prunkräume im 2. Stock des ehemaligen Palais Eggenberg-Herberstein anschauen. Der Spiegelsaal, in dem man Bälle feierte, ist besonders beeindruckend!

WAS IST EINE PUTTE?

Eine Putte ist eine kleine nackte Kinderfigur. Da sie oft mit Flügeln dargestellt ist, gleicht sie einem Engel.

KNACK DIE RÄTSELNUSS:
Zähl nach: Wie viele Putten tummeln sich im Treppenhaus der Neuen Galerie?

Tel: 0316/829155
www.neuegalerie.at
Öffnungszeiten:
Di–So: 10–18 Uhr
Do: 10–20 Uhr

Innenhof der Neuen Galerie

DAS STADTMUSEUM

Willst du wissen, wie sich Graz im Laufe der Jahrhunderte entwickelt hat? Dann bist du im Stadtmuseum in der Sackstraße 18 an der richtigen Stelle. Eine dauerhafte Ausstellung zur Stadtgeschichte gibt dir einen guten Überblick darüber, wie die Stadt gewachsen ist. Besonders interessant ist das Stadtmodell, das Graz um 1800 zeigt. Es ist 6 x 4 m groß!

KNACK DIE RÄTSELNUSS:
Nun ist es an der Zeit, deinen detektivischen Spürsinn zu beweisen: Erkennst du, welches Gebäude des Stadtmodells wir unter die Lupe genommen haben?

1, 2, 3, IM SAUSESCHRITT EILT DIE ZEIT, WIR EILEN MIT

Das Stadtmuseum ist ein Ort, an dem sich im Laufe der Jahrhunderte schon einiges getan hat:
Der Thronfolger Franz Ferdinand wurde 1863 in diesem Haus geboren. Seine Ermordung 1914 in Sarajevo löste den 1. Weltkrieg aus. Außerdem öffnete hier 1875 die erste Mittelschule für Mädchen in der österreichisch-ungarischen Monarchie ihre Pforten. Mittelschulen für Buben gab es ja schon längere Zeit. Hätte Franz Ferdinand zu der Zeit noch hier gewohnt, wäre er bestimmt der Hahn im Korb gewesen!

Möchtest du gerne einmal eine alte Kräuterwaage ausprobieren? Oder mit einem Eisenmörser hantieren? Interessierst du dich für das Mischen von Heilsalben? Weißt du eigentlich genau, was Gift ist? All das kannst du im Rahmen von Führungen durch das Apothekenmuseum im Stadtmuseum erforschen.

Öffnungszeiten:
Di: 10–21 Uhr, Mi–Sa: 10–18 Uhr, sonn- und feiertags: 10–13 Uhr
Infos unter: 0316/872-7600 oder www.stadtmuseum-graz.at

DAS KLEINE PALAIS ATTEMS

„Schaut euch die Fassade des kleinen Palais Attems in der Sackstraße 15 ganz genau an!", ruft Moritz. „Seht ihr die Gesichter, die Pflanzen speien?"

NOBLER ALTERSSITZ

Das kleine Palais Attems heißt auch Witwenpalais. Immer wenn ein im großen Palais Attems residierender Graf verstarb, zog seine Frau in das kleine Palais Attems, um der neuen Grafenfamilie Platz zu machen. Ziemlich praktisch: Die alte und die junge Generation lebten Tür an Tür. Fast so wie bei uns Eichhörnchen, wir leben eben Ast an Ast.

DAS GROSSE PALAIS ATTEMS

Gleich gegenüber dem Stadtmuseum liegt das prunkvollste aller Grazer Barockpalais: das Palais Attems. Benannt ist es nach der Familie Attems. Ignaz Maria Graf Attems ließ seine Stadtresidenz ab 1702 erbauen. Sechs Häuser und das 1. Sacktor, das seit 1372 die Sackstraße nach Norden hin abschloss, hat man dafür weggerissen. Die Innenräume des Palais wurden all die Jahrhunderte hindurch nie umgebaut. Das ist einzigartig in Graz.

BURGBESITZER UND SCHLOSSHERR

Graf Ignaz Maria von Attems war einer der einflussreichsten Grazer Bürger. Er besaß die Burg Gösting und ließ nach ihrer Zerstörung das Schloss Gösting erbauen. Sein Grabstein befindet sich in der Franziskanerkirche. Lies auf Seite 150 nach.

KNACK DIE RÄTSELNUSS:
Jetzt wird es ziemlich knifflig. Was glaubst du, warum wurde das Palais im Inneren nicht umgebaut?

a) Weil hier Affen und Vögel hausten. (Schließlich heißen zwei der ehemaligen Wohnräume der Familie Attems im 2. Stock Affensaal und Vogelsaal.)

b) Weil es immer im Besitz der Familie Attems war.

c) Weil die Dienstboten die Räume bewohnten und die Familie Attems sich für sie keinen Umbau leisten wollte.

Der *Schloßbergplatz*

DAS ÄLTESTE GRAZER HAUS

Auf dem Schloßbergplatz steht das älteste Haus der Stadt Graz. Es ist der Reinerhof, der den Platz zur rechten Seite abschließt. Ein Teil des Reinerhofes war ursprünglich ein romanischer Bau aus dem 12. Jahrhundert. Siehst du den Riss an der Fassade? Bis hierher reichte das romanische Mauerwerk.

Im Café Reinerhof findest du freigelegte romanische Mauersteine aus dem 12. Jahrhundert. Sind diese Steinquader nicht beeindruckend?

WARUM HEISST DAS GEBÄUDE REINERHOF?

1164 schenkte Markgraf Otakar III. dem Zisterzienserkloster Rein den Grund auf dem heutigen Schloßbergplatz. Die Mönche mussten selbst Geld verdienen, um damit ihr Leben zu finanzieren. So schlugen sie auf dem heutigen Schloßbergplatz ihre Warenstände auf. Besonders beliebt waren selbstgefertigte Produkte wie ihre Lederschuhe! Ab Seite 136 erfährst du mehr über das Zisterzienserstift Rein!

DAS GÄRTL IM SACK

Die Mönche des Klosters in Rein legten auf dem heutigen Schloßbergplatz einen Garten an, den man als „Gärtl im Sack" bezeichnete. Berühmt waren sie für ihren Spargelanbau. Die Mur überschwemmte den kleinen Garten regelmäßig und brachte Sand mit, der für den Spargelanbau wichtig ist. Deshalb wuchs der Spargel hier ausgezeichnet!

70

KNACK DIE RÄTSELNUSS:

30. Im vorderen Gebäudeteil des Reinerhofes (zur Sackstraße hin) zieren drei Terrakottareliefs aus den Jahren 1820–1825 den Eingangsbereich. Du siehst drei Frauen in Biedermeierkostümen. Sie stehen stellvertretend für drei Jahreszeiten. Welche Jahreszeit fehlt?

79 GESICHTER UNTERM DACH

Siehst du die vielen verschiedenen Fratzen unter der Dachtraufe des Hauses, in dem das Gasthaus „Alte Münze" untergebracht ist? Insgesamt sind es 79! Zur Schloßbergplatzseite hin schaut kein Gesicht wie das andere aus. Die Fratzen in der Sackstraße sind alle gleich. Ob das wohl Löwenköpfe sind?

MÜNZPRÄGUNG

Der Gasthof „Alte Münze" erinnert uns daran, dass in diesem Haus bis 1772 Münzen geprägt wurden. Die Münzpräger arbeiteten mit einem zur Schloßbergseite hin erbauten Münzofen, den es heute noch gibt. Die Rohlinge wurden weich gemacht, um ihnen dann mit einer Prägemaschine eine entsprechende Prägung „aufzudrücken".

„Ich bin schon ein bisschen erschöpft", seufzt Nelli. „Das war ein wunderschöner und sehr erlebnisreicher Tag!" Erst jetzt merken die Eichhörnchen, wie müde sie sind. Sie beschließen, nach Hause in ihren Stadtpark zurückzukehren und sich schlafen zu legen. Schließlich wartet morgen der nächste spannende Spaziergang auf sie!
Hansi und Susi genießen noch ein kleines Weilchen den Anblick des romantisch beleuchteten Schloßbergsteiges, bevor sie den anderen in ihr wohlig warmes Nestchen folgen.

Schloßberg
(474)

Paulustor

9
8
7

6

4
1
5

2
3
Uhrturm
Stiege
Schloß-
bergplatz Fußgängertunnel
Dom
im Berg
Stadt-Museum
Neue Galerie

Karmeliter-
platz

Freiheits-
platz

Färber-
platz

Mehlpl.

Glocken
spielpl.

11

13
12

Sackstraße

18 Südtiroler-
Platz

14
15 Haupt-
brücke

10

Haupt-
platz

Franzis-
kanerpl.

Rathaus

Herrengasse

17 16

Tegetthoff-
brücke

Casino
Congr.h.

Land-
haus

19

Belgierg.

20

A. Hofer-
Platz

Landes-
museum

Griesgasse

Grieskai

Murpromenade

Marburger Kai

Neutorgasse

Joanneumring

Elisabethinergasse

21

Entenpl.

Justiz-
palast

Gorbachpl.

Radetzkystraße

Schönaugasse

J. Huber-G. Rösselmühlg.

Brückenkopfg.

23

Radetzky-
brücke

Roseggerkai

Josef-
Pongratz-
Platz

Wielandg.

22

Griesplatz

Grazbachgasse

Oeversee-

24 Augarten-
brücke

Grieskai

Mur

Pula-Kai

25

Friedrichgasse

26

Schönau
gasse

27

Städt.
Augarten

Brockmanngasse

Mit der Erkundung des Schloßberges startet dieser Ausflug, der dich und die Eichhörnchen auf die rechte Seite der Mur bringt. Großvater ist listig: Er wählt die 260 Stufen des Schloßbergsteiges, um auf den Schloßberg zu kommen. Ganz schön anstrengend, was?

Dieser Streifzug bringt dich auf eine Insel und in ein Haus mit schiefen Wänden. Moritz weiß, was es mit den Düsen auf dem Dach auf sich hat und wie eine Kläranlage funktioniert. Rechne mit Hansi aus, wie alt eine Schnecke ist und lass dir von Susi den Höllensturz des Teufels zeigen. Du glaubst, eine Au hat etwas mit Schmerzen zu tun? Nelli weiß Bescheid. Auch darüber, dass Gries nicht nur etwas Essbares ist. Sogar ein Elefant läuft dir während dieser Tour über den Weg.

Das glaubst du nicht? Dann mach dich bereit und entdecke mit den Eichhörnchen den Schloßberg und die Murvorstadt!

1 Schloßbergbahn Talstation
2 Schloßberglift
3 Uhrturm
4 Starcke Winzerhäuschen
5 Garnisonsmuseum
6 Glockenturm und Thomaskapelle
7 Kasematten
8 Zisterne
9 Hackher-Löwe
10 Muruferpromenade
11 Murinsel
12 Mariahilferkirche
13 Diözesanmuseum
14 Palais Thienfeld
15 Kunsthaus
16 Geburtshaus Leopold Auenbrugger
17 Steinelefant / Südtirolerplatz 11 - 13
18 Klosterkirche der Barmherzigen Brüder
19 Zanklhof
20 Bad zur Sonne
21 Griesbäcker
22 Welsche Kirche
23 Pestsäule
24 Synagoge
25 Kindermuseum
26 Museum der Wahrnehmung
27 Augarten

AUF ZWEI BEINEN ODER AUF ZWEI RÄDERN

Diesen Ausflug kannst du zu Fuß oder mit dem Rad unternehmen. Bloß auf den Schloßberg kommst du nicht mit dem Rad, lass es einfach am Fuß des Berges stehen.

Der *Schloßberg*

WIE KOMMST DU AM BESTEN AUF DEN SCHLOSSBERG?

Die sportliche Variante: Die Schloßbergstiege, die vom Schloßbergplatz über 260 Stufen auf den Schloßberg führt, ist die anstrengendste Variante. Der sensationelle Ausblick auf die Grazer Dachlandschaft belohnt dich für die Mühe!

Die traditionelle Variante: Am Kaiser-Franz-Josefs-Kai liegt die Talstation der Schloßbergbahn. Diese Standseilbahn befördert seit 1894 die Menschen auf den Schloßberg. Sie überwindet eine Steigung von 60 %. Stell dir vor, das müsstest du mit dem Fahrrad bewältigen!

Die bequeme Variante: Den Lift erreichst du über den Schloßbergstollen vom Schloßbergplatz aus. Da er aus Glas ist, kannst du dir den Schloßbergfelsen und die technische Konstruktion des Lifts genau anschauen. Viel Zeit bleibt dir dazu nicht, denn der Aufzug bringt dich mit 9 km/h in 30 Sekunden die 75 m nach oben zum Uhrturm.

MATADOR UND DIE SCHLOSSBERGBAHN

Der Bauleiter der Schloßbergbahn Johann Korbuly ist der Erfinder des Matador-Holzspielzeuges!

Der Schloßbergsteig

KNACK DIE RÄTSELNUSS:

Der Höhenunterschied zwischen Tal- und Bergstation der Schloßbergbahn beträgt 107 m. Insgesamt ist der Schloßberg 123 m hoch. Wie viele Höhenmeter musst du von der Bergstation zu Fuß zurücklegen, um ganz nach oben zu kommen?

Die Schloßbergbahn

DIE MÄRCHENGROTTENBAHN

Vom Schloßbergplatz aus erreichst du den Eingang zur 900 m langen Märchengrottenbahn, deren kleiner Elektrozug durch die märchenhaft gestalteten Schloßbergstollen fährt.
Öffnungszeiten: Mo–So: 10–18 Uhr, letzte Fahrt: 17.30 Uhr

Der Schloßberglift

74

KNACK DIE RÄTSELNUSS:
Der Wind hat die Blätter durcheinander gewirbelt! Finde die zeitliche Reihenfolge der Schloßberg-Geschichte heraus und trag die entsprechenden Buchstaben in die Kästchen ein. Liegst du richtig, erfährst du den Namen des Baumes, zu dem die Blätter gehören! So ein Baum wächst übrigens auf dem Schloßberg.

Im Zweiten Weltkrieg sprengte und grub man ab 1943 ein ca. sechs km langes Stollensystem in das Innere des Schloßberges. Die Grazer fanden hier während der Bombenangriffe Schutz. 1999 erweiterte man dieses Stollensystem durch den Dom im Berg. Das ist keine Kirche, sondern eine 460 m² große Veranstaltungshalle.

O

Ab 1544 wurden unter der Bauleitung von Domenico dell' Aglio Stadt und Schloßberg neu befestigt. Graz musste wegen der wachsenden Türkenbedrohung gesichert werden. Die kleine Burg auf dem Schloßberg ersetzte man durch eine mächtige Festung. Von 1559 bis 1569 entstand das Grazer Wahrzeichen: der Uhrturm.

N

Der Schloßberg ist vor mehr als 400 Millionen Jahren in einer flachen Meeresbucht entstanden. Er ist in einer Zeit „gewachsen", in der es noch keine Menschen gab.

G

Die Wehranlage auf dem Schloßberg wurde nie eingenommen. Auch nicht 1809, als französische Truppen unter Napoleon Bonaparte den Schloßberg wochenlang belagerten. Major Franz Hackher und seine Männer verteidigten den Berg erfolgreich. Das Löwendenkmal auf dem Schloßbergplateau erinnert uns daran, dass sie wie die Löwen kämpften. Da die Franzosen die österreichischen Truppen in der Schlacht bei Wagram endgültig besiegten, befahl Napoleon, die gesamte Festung auf dem Schloßberg zu sprengen, um seine Macht zu demonstrieren. Nur Uhr- und Glockenturm blieben verschont, da die Grazer Bürger Lösegeld für sie bezahlten.

K

Der Schloßberg war nicht immer mit Bäumen, Sträuchern und anderen Pflanzen bewachsen. Nach der Franzosenbelagerung sah man hier weit und breit nur Schutt und Geröll! Ab 1839 wurde der Schloßberg unter der Leitung von Freiherr Ludwig von Welden bepflanzt.

G

Die in der 2. Hälfte des 10. Jahrhunderts errichtete Wehranlage auf dem Schloßberg nannten die damals hier ansässigen Slawen „Gradec", was auf Slawisch so viel wie kleine Burg bedeutet. Daraus entwickelte sich der Name Graz. Diese Wehranlage sicherte den durch die Sporgasse führenden Handelsweg und den Murübergang.

I

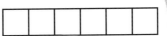

Seit dem Jahr 1712 zeigen die Zifferblätter am Uhrturm den Grazern die Zeit. Ein riesiges Räderuhrwerk im Inneren des Turmes sorgt für die richtige Zeitangabe. Jedes Zifferblatt hat einen Durchmesser von 5,20 m. Die großen Zeiger wiegen jeweils 60 kg, die kleinen 40 kg. Um die Uhrzeit vom Hauptplatz aus gut erkennen zu können, gab es ursprünglich nur die großen Zeiger. Die kleinen Zeiger sind nachträglich angebracht worden. Das ist der Grund, warum die großen Zeiger die Stunden anzeigen und die kleinen Zeiger die Minuten. Das ist dir doch aufgefallen, oder?

Im Vergleich zum Uhrwerk deiner Armbanduhr sind die Räder des Uhrwerkes im Uhrturm riesig!

FEUER IN DER STADT!

Siehst du den hölzernen Gang, der den Uhrturm auf drei Seiten umgibt? Von hier aus überwachte der Feuerwächter die Stadt. Bei Feueralarm läutete er die Feuerglocke. Bei Tag zeigte er mit farbigen Körben die Richtung des Brandes an, bei Nacht nahm er dazu hell erleuchtete Laternen.

DREI GLOCKEN BEIM UHRTURM

Am Uhrturm hängt die älteste Grazer Glocke. Sie wurde 1382 gegossen. Auch die Feuerglocke, mit der Brände in der Stadt angezeigt wurden, und die Armensünderglocke befinden sich beim Uhrturm. Der Klang der Armensünderglocke verkündete die Hinrichtung von Verbrechern. Außerdem läutete man sie beim Zusperren der Stadttore und ab 1822 erklang sie zur Sperrstunde der Gasthäuser. Deshalb wurde sie auch als Lumpenglocke bezeichnet – nur ein Lump trieb sich um diese Zeit noch auf der Straße herum!

DER GLOCKENTURM

Das Angstloch war die einzige Möglichkeit, in die Bassgeige zu kommen. Eine Gefängnistür hat es nicht gegeben.

Im Keller des 1588 erbauten Glockenturms gab es einst ein Gefängnis für Schwerverbrecher, die so genannte Bassgeige. Die Form des Kellers schaut aus wie dieses große Saiteninstrument.

Die Glocke im Inneren des Turmes bezeichnen die Grazer als „Liesl". Sie erklingt täglich um 7, 12 und 19 Uhr mit 101 Schlägen. Angeblich wurde die Glocke aus 101 erbeuteten türkischen Kanonenkugeln gegossen.

DIE THOMASKAPELLE

Nur wenige Schritte vom Glockenturm entfernt triffst du auf die Überreste der Thomaskapelle. Bei der Zerstörung der Schloßbergfestung 1809 wurde die Kapelle zwar verschont, die Franzosen raubten aber das wertvolle Kupferdach. So hat die Witterung die kleine runde Kapelle völlig zerstört. Schade, denn sie stammt aus der Zeit der Romanik.

DIE KASEMATTEN

Die Kasemattenbühne ist im Sommer ein beliebter Ort für Aufführungen und Veranstaltungen. Bei Regen fallen die Musicals, Konzerte, Opern oder Operetten nicht ins Wasser, denn die Sitzreihen können überdacht werden. Die Kasematten waren ursprünglich die Kellerräume des Schlosshauptmannhauses. Der Schlosshauptmann wohnte im größten Haus der Festung. Das Haus war so riesig, dass der Keller zwei Stockwerke hatte!

DIE ZISTERNE UND DER TÜRKENBRUNNEN

Die Zisterne in der Mitte des Schloßbergplateaus diente der Wasserversorgung auf dem Schloßberg. Sie hat fünf Schächte, wie das Mosaik auf dem Boden zeigt. Man errichtete sie ab 1544 gemeinsam mit der neuen Schloßbergfestung – die vielen Arbeiter benötigten eine Menge Wasser. Das Zisternenwasser wurde aber sehr oft knapp, und schließlich erbauten sächsische Bergknappen und türkische Kriegsgefangene von 1554 weg den

Türkenbrunnen. Durch ihn konnte man die Schloßbergbewohner mit Grundwasser versorgen. Die Arbeiter mussten, um auf Grundwasser zu stoßen, 94 m tief graben. Sie brauchten vier Jahre, um sich durch das Dolomitgestein des Schloßberges zu kämpfen. Beim Bau mitgeholfen haben auch acht Frauen, die, wie alle Handwerker, nur schlecht für ihre Arbeit bezahlt wurden.

WAS IST DER UNTERSCHIED ZWISCHEN EINER ZISTERNE UND EINEM BRUNNEN?

Eine Zisterne ist ein Auffangbecken für Regenwasser. Sie besteht aus einem Hauptschacht und mehreren Nebenschächten. Das Wasser, das du aus dem Brunnen schöpfst, ist Grundwasser, das aus dem Erdreich kommt.

DAS GOTISCHE BURGTOR

Nur wenige Schritte vom Hackher-Löwen entfernt gibt es am Schloßbergplateau Spannendes zu entdecken: Aktiviere deine Spürnase und such das gotische Burgtor! Lange Zeit lag es unter Tonnen von Steinen und Schutt verborgen. Es stammt aus der 2. Hälfte des 15. Jahrhunderts und ist vermutlich von Kaiser Friedrich III. in Auftrag gegeben worden. Kannst du dir vorstellen, dass es schon über 500 Jahre alt ist? Wer wohl aller das Burgtor schon durchschritten und die kleine mittelalterliche Burg betreten hat?

DIE STALLBASTEI

Die Stallbastei war der mächtigste Teil der Wehranlage auf dem Schloßberg. Das sieht man auf den ersten Blick, denn ihre Mauern sind bis zu 20 m hoch und bis zu 6 m dick. Eine Bastei ist eine Verbreiterung der Festungsmauer und dient damit der Verstärkung. Sie sollte es Eindringlingen schwerer machen, die Wehranlage zu erobern. In den Kasematten der Stallbastei, das ist der Keller, wurden Waffen und Munition gelagert. Erkundige dich bei Graz Tourismus unter 0316/8075-0, ob es Schloßbergführungen gibt, denn nur im Rahmen einer Führung kannst du dir die finsteren Gewölbe der Bastei anschauen. Das ist ein Erlebnis, das du nicht so schnell vergisst, weil es nicht nur spannend, sondern auch ein bisschen schaurig ist. Vor allem, wenn man bedenkt, dass die Kasematten der Stallbastei einst ein Gefängnis waren!

Das Ägyptische Tor

Das Ägyptische Tor führt in das Innere der Stallbastei. Dieser exotische Eingang fiel dem Rechtsanwalt Bonaventura Hödl ein. Er kaufte um 1820 das Gebiet unter der Stallbastei, um sich einen Erholungsraum zu schaffen. Angeblich hielt er im Inneren der Stallbastei zwei Kühe! Er pflanzte viele Weinstöcke und ließ auf den Grundmauern eines alten Pulverturmes das Starcke-Winzerhäuschen erbauen. Seinen Namen hat es vom Schauspieler Gustav Starcke, der hier oft seine Sommerferien verbrachte. Das Winzerhäuschen ist ein Treffpunkt für alle, die Graz von oben entdecken möchten. Der Ausblick von den Terrassen aus ist sensationell!

Wegen der Verzierungen trägt der Turm des Starcke-Winzerhäuschens den lustigen Namen Krabbenturm.

*Tel: 0316/827348, www.stadtmuseum-graz.at
Öffnungszeiten des Garnisonsmuseums: Di–So: 10-17 Uhr, vom Palmsonntag bis zum 2. Sonntag im Oktober*

Im Garnisonsmuseum stehen vier Kanonen, die ähnlich der vier Kanonen sind, die die Feueralarmkanonen waren. 1725 lösten sie das Läuten der Feuerglocke (Seite 76) ab, weil sie leichter hörbar waren. Sie wurden gefeuert, wenn der Feuerwächter einen Brand in der Stadt bemerkte. Übrigens: Die originalen Feueralarmkanonen schmolz man ein und goss einen Spritzwagen für die Feuerwehr daraus.

JAPANISCHE ZAUBERNUSS UND WOHLRIECHENDES GEISSBLATT

Hast du schon was vom Wohlriechenden Geißblatt oder der Japanischen Zaubernuss gehört? Nicht? Dann schau dich auf dem Schloßberg um. Hier findest du außergewöhnliche Pflanzen. Oft gibt es Temperaturunterschiede von mehr als 4° Celsius zwischen dem nördlichen und dem südlichen Abhang des Schloßberges. Diese Temperaturunterschiede haben auch Auswirkungen auf die Pflanzenwelt: Auf dem Schloßberg wachsen alpine (Alpengarten auf der Westseite des Berges) und subtropische (Feigenbaum unterhalb des Uhrturmes) Pflanzen.

Bist du gern in der Natur?
Dann mach dich auf die Suche nach folgenden Pflanzen:

Im Frühsommer bietet die Schneespiere in der Allee beim Franzosenkreuz jedes Jahr eine prachtvolle Blütenfülle.

Du findest die Japanische Zaubernuss, wenn du der Stallbastei entlang am Starcke-Winzerhäuschen vorbeispazierst. Zieh dich warm an, wenn du sie in voller Blüte erleben willst: Das passiert meist bei strengstem Frost im Januar oder Februar!

Die gerösteten Samen des Ginkgobaumes, der unterhalb des Uhrturmes wächst, knabbern die Japaner wie Nüsse.

Besondere Aufmerksamkeit bei der Blutpflaume verdienen die Blätter, die nicht grün, sondern schwarzrot sind. Das passt gut zu den rosa und weißen Blüten, die du im April und Mai beobachten kannst.

Dass eine Glyzinie, wie sie auf dem Schloßberg in der Nähe des Uhrturmes wächst, weiß blüht, kommt nur selten vor. Viel häufiger gibt es rosa, blauviolette oder lila Blüten. Die Glyzinie ist ein sehr robuster Kletterstrauch, der bis zu 30 m hoch werden kann!

DIE MURUFERPROMENADE

Nach dem Abenteuer Schloßberg ist die Muruferpromenade ein toller Ort zum entspannenden Spazierengehen. Sie führt dich direkt an der Mur von der Radetzkybrücke zur Keplerbrücke. In der Flussböschung wohnen viele Tiere, von denen man gar nicht annehmen würde, dass sie es mitten in einer Stadt aushalten: Säugetiere wie die Fledermaus, Vögel wie das Rotkehlchen und Insekten wie die Libelle oder 57 verschiedene Laufkäferarten. Sie hausen im Dickicht der Bäume und Sträucher, die das Ufer festigen.

STEIN AUF STEIN

Um die Muruferpromenade vor Abrutschung zu sichern, wurden 20.000 Tonnen Flussbausteine eingesetzt. Das sind 1500 LKW-Fuhren!

Die Eichhörnchen haben es sich gerade auf einer der 23 Bänke bequem gemacht, als ein bunter Schmetterling vorbeiflattert. Er lässt sich bei ihnen nieder und beginnt zu erzählen:

Weißt du, wie ein wunderschöner Schmetterling, so wie ich, Tina Tagpfauenauge, entsteht? Ein Schmetterlingsweibchen legt seine Eier auf einer Pflanze ab. Aus den Eiern schlüpfen kleine Larven. Diese nennt man auch Raupen, die kennt ihr doch, oder? Die Raupen sind ziemlich gefräßig und können durch ihren unstillbaren Hunger großen Schaden anrichten. Manche fressen riesige Löcher in Gemüsesorten und andere Pflanzen. Ist die Raupe ausgewachsen, verpuppt sie sich und verwandelt sich dabei in einen Schmetterling. Kaum zu glauben, dass ich zierliches Ding so ein Vielfraß war!

DIE MUR

Wie lang die Mur ist, kannst du dir ganz leicht merken: 444 km. Einfach, was? Sie entspringt im Lungau in Salzburg und fließt in Kroatien in die Drau. In der Mur tummeln sich Fische wie Forellen, Äschen, Barben, Huchen, Frauennerflinge oder Streber. Die Mur ist auch die Heimat des nur noch selten vorkommenden Ukrainischen Bohnenauges. Diese Fischart lebt bis zu sieben Jahre als Larve eingegraben im Flussbett. Unter der Hauptbrücke gibt es eine künstlich angelegte Fischtreppe, um den Fischen das Schwimmen gegen die Stromschnellen zu erleichtern.

DIE MURINSEL

„Kommt, ich zeige euch eine Insel mitten in der Stadt Graz!", ruft Hansi. Seine Freunde schauen ihn ungläubig an. Eine Insel in Graz, wo soll denn das sein?

Auf der Insel in der Mur, geplant vom amerikanischen Künstler Vito Acconci, wachsen Palmen höchstens im Topf, denn sie besteht hauptsächlich aus Stahl und Glas. Wie eine halb geöffnete Muschel liegt sie im Fluss und verbindet das rechte mit dem linken Ufer. Unter der Glashaut der Muschel gibt es ein Café, im nicht überdachten Teil kannst du dir im Sommer die Sonne auf den Pelz scheinen lassen. Wenn du Glück hast, erlebst du an heißen Tagen Wasserspiele: Zur Kühlung wird Murwasser über die Glasscheiben des Cafés geleitet. Ein tolles Gefühl, das Wasser neben, unter und über sich zu haben!

WENN DER MAMA DAS KIPFERL IM HALS STECKEN BLEIBT

Spektakulär ist die Kinderspielfläche. Sie besteht aus lauter Tauen und einer Rutsche und zieht sich wie ein Spinnennetz über den Außenbereich des Cafés. Wenn du außen raufkraxelst, bleibt deiner Mama drinnen das Kipferl im Hals stecken, denn du kletterst über das Dach des Cafés!

WARUM SCHWIMMT EIN SCHIFF?

Offiziell gilt die Murinsel als Schiff, obwohl sie sich nicht von der Stelle bewegt. Weißt du eigentlich, warum ein Schiff schwimmt? Das hat mit der Auftriebskraft zu tun. Ein Schiff verdrängt beim Fahren genau so viel Wasser, wie es Gewicht hat. Deshalb muss ein schweres Schiff besonders hohe Seitenflächen haben, um möglichst viel Wasser verdrängen zu können. Mach folgenden Versuch und du verstehst, was ich meine: Nimm zwei gleich schwere Klumpen Knetmasse. Rolle den einen zu einem Ball und knete aus dem anderen die Form eines Bootes. Wenn du Boot und Ball in eine Schüssel mit Wasser legst, schwimmt nur die zum Boot geformte Knetmasse, weil sie den größeren Auftrieb hat.

SCHIFF AHOI!

Kannst du dir vorstellen, dass man auf der Mur früher Waren wie Holz, Weinfässer, Käse oder Getreide transportierte? Als es noch keine ausgebauten Straßen gab, galt sie als wichtiger Verkehrsweg, da sie die holz- und eisenreiche Obersteiermark mit der weinreichen Untersteiermark verbindet. Man stapelte die Waren auf Flöße und engagierte meist Flößer, die nicht schwimmen konnten, um sicher zu sein, dass sie das Floß in gefährlichen Situationen nicht verlassen würden. Eine Fahrt mit dem Floß von Judenburg nach Graz dauerte zwei Tage! Das schafft man heute mit dem Auto in einer Stunde.

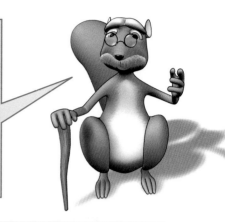

Schifffahrt auf der Mur im 19. Jahrhundert

KNACK DIE RÄTSELNUSS:

Mit dem Floß in Wasserrichtung zu fahren ist kein Problem. Aber wie haben sich die Flößer geholfen, um gegen die Fließrichtung des Wassers in die andere Richtung zu gelangen?

a) Gar nicht, man ist nur mit dem Wasserlauf gefahren.
b) Die Flößer ruderten flussaufwärts.
c) Flussaufwärts zogen Pferde, die neben der Mur auf schmalen Wegen, den so genannten Treidelwegen marschierten, die Flöße.

Das *rechte Murufer*

So einen tollen Ausblick auf das rechte Murufer hast du vom Uhrturm aus!

Als Einstimmung für den weiteren Spaziergang zeigt der Großvater den vier Eichhörnchen einen Kupferstich aus dem Jahr 1699. „Schaut euch dieses Bild genau an. Fällt euch etwas auf?" Die vier kuscheligen Freunde sind ein wenig ratlos.

Nach langem Zögern ruft Nelli: „Das ist der Schloßberg mit seiner Festung (1). Das heißt, hier liegt die linke Seite der Mur, weil sie von Norden nach Süden fließt." „Ja, genau", ergänzt Hansi, „ich erkenne den Altstadtkern mit Burg, Dom und Mausoleum (2). Seht ihr den trapezförmigen Hauptplatz und die schräg gestellte Franziskanerkirche (3)?" „Mir fällt auf, dass es bis auf die Hauptbrücke (4) noch keinen anderen Steg über die Mur gibt. Heute kann man auf dieser kurzen Strecke die Mur auf vier Brücken und einem Steg überqueren. Man muss nicht mehr so weit gehen, um von einer auf die andere Murseite zu kommen", meint Moritz. „Sehr gut", lobt Großvater. „Vergleicht jetzt die beiden Muruferseiten. Gibt es da nicht einen sehr auffälligen Unterschied?"

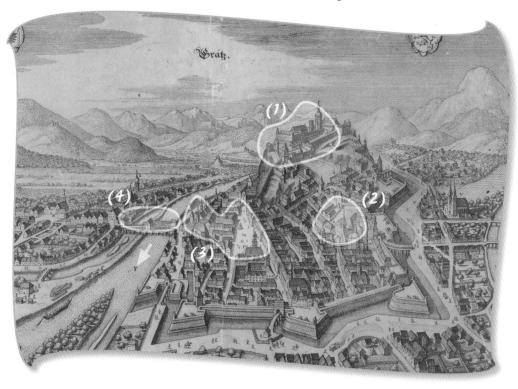

Auf dem Kupferstich kann man sehr gut erkennen, wie gut die linke Murseite der Stadt befestigt ist. Die rechte Seite wurde nie in den Befestigungsgürtel einbezogen. Die Grazer, die rechts der Mur lebten, waren dem Feind immer völlig schutzlos ausgeliefert. Deshalb lebten in diesem Teil der Stadt auch die Ärmsten der Bevölkerung. Die Wohnverhältnisse waren ziemlich elend. Die Leute wohnten in einfachen Häusern aus Holz. Da man den Müll auf die Straße kippte, keine Möglichkeit hatte, sich ordentlich zu waschen und es nur eine schlechte ärztliche Versorgung gab, brachen hier immer wieder ansteckende Krankheiten wie die Pest aus. In solchen Notzeiten überlegten sich die Beamten sogar, Teile der Siedlung mit Brettern zu verschlagen!

UNTERIRDISCHE ABWASSERENTSORGUNG

Abwässer wurden nicht immer unterirdisch entsorgt. Einst rann das Schmutzwasser der Haushalte einfach seitlich der Straße entlang. Du kannst dir vorstellen, wie unappetitlich das im Sommer war! Im Winter verwandelten sich diese Rinnsale zu gefährlichen Eisflächen. Das Grazer Kanalbauamt (Tel.: 0136/872-3771) bietet von April bis Oktober Führungen durch das unterirdische Kanalsystem der Stadt Graz an. Entlang des Grazbaches erfährst du vom Dietrichsteinplatz bis zur Herz-Jesu-Kirche Wissenswertes über die Abwasserentsorgung.

WIE FUNKTIONIERT EINE KLÄRANLAGE?

In der Kläranlage sammeln sich Badewasser, Abwaschwasser oder das Wasser der Klospülung, kurz gesagt, alle Abwässer einer Stadt. Diese werden in der Kläranlage wieder aufbereitet, das heißt, dass die Abwässer durch mehrere Verfahren wieder sauber gemacht werden. Zuerst wird der grobe Dreck mit Rechen herausgesiebt. Im Sandfang setzt sich alles Schwere im Wasser, z. B. mitgeschwemmter Sand, am Boden ab. Zuletzt werden dem Wasser Bakterien zugesetzt, die solche Schmutzstoffe fressen, die nicht gefiltert werden können. So gereinigtes Wasser kann wieder in Flüsse und Seen geleitet werden.

KNACK DIE RÄTSELNUSS:
Verbinde die drei Wörter und die Lösung verrät dir, welchen Stadtteil wir jetzt unter die Lupe nehmen!

Das Wort **RUM** rückwärts gelesen   ....

Das Gegenteil von **ZURÜCK**   ....

Das Gegenteil von **LAND**   ....

„MARIA HILF"

Der Minoritenorden ließ sich Anfang des 17. Jahrhunderts in der Murvorstadt nieder. Giovanni Pietro de Pomis, du weißt schon, er hat auch das Mausoleum erbaut, plante den Bau der Kirche und des Klosters und er malte für die Kirche ein Marienbild. Ab hier wird die Geschichte „wundersam": De Pomis schuf einen außergewöhnlich schönen Entwurf für das Marienbild. Er war so von der Schönheit des Bildes überzeugt, dass er einen weit höheren Preis dafür verlangte, als mit den Minoriten ausgemacht war. Als der Maler kurz darauf erblindete, war ihm klar: Das konnte nur mit seiner frechen Geldforderung zu tun haben! In seiner Verzweiflung kniete er sich vor das Bild und rief „Maria, hilf!" Er versprach, das Bild ohne Bezahlung zu vollenden, wenn er geheilt werden würde. Als er seine Sehkraft wieder bekam, löste er sein Versprechen ein. Das Mariahilfer Gnadenbild aus dem Jahr 1611 ist der Mittelpunkt des Hochaltares.

Die Heilung von de Pomis' Blindheit war ein Wunder, das sich schnell herumsprach. Deshalb wurde die Mariahilferkirche zu einem wichtigen steirischen Wallfahrtsort. Noch heute ziehen Wallfahrer nach Mariahilf, beten zum Gnadenbild und hoffen auf Hilfe: bei Gefahren und Unglücksfällen aller Art wie Krankheit, Naturkatastrophen oder persönlichen Problemen. Eine Wallfahrt dient aber auch dazu, Danke zu sagen, wenn eine schwierige Situation gut überstanden wurde.

WAS IST EIN GNADENBILD ODER EINE GNADENSTATUE?

Ein Gnadenbild oder eine Gnadenstatue ist die Darstellung einer heiligen Person, z.B. der heiligen Maria. Gläubige Menschen erhoffen sich durch das Beten zu einem Gnadenbild Hilfe und Trost. Gnadenbilder, wie das der Mariahilfer Kirche, werden oft mit Wundern in Verbindung gebracht. Durch die Gnadenbilder wurden manche Kirchen, wie die Mariahilfer Kirche oder die Mariatroster Kirche (siehe Seite 117) zu Wallfahrtskirchen.

Die barocke Kirchenfassade zeigt,
wie der Erzengel Michael den Teufel in die Hölle stürzt.

„Hört ihr die schöne Musik? Das ist doch ein Glockenspiel, oder?", rätselt Nelli.

HIGH-TECH-GLOCKENSPIEL

Das Glockenspiel der Mariahilferkirche erfüllt täglich um 16 Uhr die Umgebung mit schönen Melodien. Seit 1998 ist es computergesteuert. Das bedeutet, dass man es mittels eines Keyboards, das über einen Computer mit den zehn Glocken verbunden ist, bespielen kann. Spielt der Organist am Keyboard „Alle meine Entchen", würde dieses Lied direkt auf das Glockenspiel übertragen werden! Zusätzlich zu den Glocken können auch noch andere Instrumente erklingen. Ziemlich clever, was?

DIE SCHATZKAMMERKAPELLE

Viele Wallfahrer brachten kostbare Geschenke zu den Wallfahrtskirchen mit, so genannte Votivgaben. Um diese gut aufbewahren zu können, wurde um 1769 die Schatzkammerkapelle erbaut. Du findest sie ganz leicht: Der Kreuzgang des Minoritenklosters schließt an die Mariahilferkirche an. Die mächtige Tordurchfahrt, in der sich hinter einem schönen schmiedeeisernen Tor die Schatzkammerkapelle verbirgt, ist nicht zu übersehen. Heute findest du in der Kapelle eindrucksvolle Decken- und Wandfresken von Joseph Adam Ritter von Mölk. Fällt dir beim genauen Betrachten der Malereien etwas auf? In jeder dargestellten Szene findest du die Maria des Mariahilfer Gnadenbildes!

KNACK DIE RÄTSELNUSS:
Für welches Land steht die Figur mit dem brennenden Herzen? Du erkennst es an der Kopfbedeckung und am Wappen.

Darstellung der Stadt Graz aus dem Jahr 1770

Die Schatzkammerkapelle ist für gewöhnlich geschlossen. Unter 0316/713169 (Pfarre Mariahilf) kannst du von Montag bis Freitag von 8 bis 11 Uhr anrufen und einen Termin vereinbaren, damit dir die Kapelle aufgesperrt wird.

DAS DIÖZESANMUSEUM

Anschließend an die Kirche liegt das Minoritenkloster. Über einen Treppenaufgang im Kreuzgang gelangst du zum Diözesanmuseum, wo dich der Museumsengel Felix zu einem spannenden Stelldichein erwartet! Er zeigt dir nicht nur die Schausammlung und die jeweilige Sonderausstellung, er spielt, bastelt und musiziert auch mit dir.

Infos unter 0316/713994 oder www.graz-seckau.at/dioezesanmuseum
Öffnungszeiten: Di–So: 10–17 Uhr, Do: 10–19 Uhr

DER MINORITENSAAL

Im Gebäude nach der Tordurchfahrt ist das „Kulturzentrum bei den Minoriten" untergebracht. Seine Mitarbeiter organisieren tolle Tanz- oder Kindertheater. Oft finden diese Veranstaltungen im Minoritensaal statt. Wenn du Gelegenheit dazu hast, schau dir diesen prächtigen barocken Saal an!

SPEISUNG DER 5000

Allein gegessen hat man im Minoritensaal nie: Gegenüber der Lesekanzel siehst du das große Gemälde „Speisung der 5000" von Johann Baptist Raunacher. Vorlage für dieses Bild ist eine Bibelstelle, in der Jesus fünf Brote und zwei Fische so geteilt hat, dass 5000 Menschen davon satt wurden. Lies sie im Matthäus-Evangelium 14, 13–24 nach!

KNACK DIE RÄTSELNUSS:
Möchtest du wissen, wie „Speisesaal" in lateinischer Sprache heißt? Dann aktiviere dein ABC! Trag jeweils den Buchstaben in das Kästchen ein, der im Alphabet genau nach den von uns ausgesuchten Buchstaben steht.

QDEDJSNQHTL ☐☐☐☐☐☐☐☐☐☐☐

Die *Mariahilferstraße*

EIN HOCHWASSER BEDROHT DIE STADT

Hochwasserkatastrophen hat es in Graz immer wieder gegeben, da die Mur noch um 1870 nur einen Meter unter dem Stadtniveau floss. Regnete es stark, trat sie leicht über die Ufer. Heute fließt die Mur sechs Meter unter dem Stadtniveau und kann viel mehr Niederschlag aufnehmen. Das schlimmste Hochwasserunglück geschah im Juni 1827. Es hatte verheerende Folgen: Große Teile der Stadt standen unter Wasser. Beide damals vorhandenen Brücken, die Haupt- und die Radetzkybrücke, wurden von den Wassermassen weggerissen. Die Verbindung zwischen beiden Murufern hielten die Grazer mit Kisten aufrecht, die mit Seilen über die Mur gezogen wurden.

Schau genau: Die Häuser der Mariahilferstraße spiegeln sich in der Fassade des Kunsthauses.

KNACK DIE RÄTSELNUSS:
Irgendwo in der Mariahilferstraße weist eine Tafel auf diese Hochwasserkatastrophe hin. Kannst du sie finden?

EIN FENSTER OHNE ZIMMER

Das Haus Mariahilferstraße 13 hat Fenster, die ins Leere gehen. Beim obersten rechten Fenster schimmert hinter den Balken das Tageslicht durch – es gibt keinen Raum dahinter! Im Barock war es üblich, Scheinfassaden zu konstruieren, um die Häuser zur Straßenseite hin möglichst pompös zu gestalten. Das war zwar unpraktisch, weil niemand dahinter wohnen konnte, dafür erweckte es den Anschein, als ob das Gebäude sehr groß sei.

Dort, wo die Mariahilferstraße in den Südtirolerplatz übergeht, spielte in der 2. Hälfte des 18. Jahrhunderts das Kreuzertheater auf. In einer Holzhütte gab es im Sommer eine Art Kasperltheater, das eher für Erwachsene als für Kinder geeignet war. Die Schauspieler waren keine Puppen, sondern Menschen. Wegen der derben und lautstarken Aufführungen hagelte es Beschwerden der Anrainer!

KNACK DIE RÄTSELNUSS:

Was glaubst du: Warum bezeichnete man dieses Theater als Kreuzertheater?

a) Weil die Holzhütte an der Kreuzung Mariahilferstraße / Südtirolerplatz stand.
b) Weil der Eintritt einen Kreuzer kostete.
c) Weil die Familie Kreuzer das Theater leitete.

WAS IST EIN PRELLSTEIN?

Ein Prellstein schützte Hausecken davor, von Kutschen oder Pferdewagen angefahren zu werden. Als es noch kein ausgebautes Straßennetz gab, herrschte in den Gassen ein oft chaotisches Treiben. Da kam es schon vor, dass ein Wagen zu nahe an ein Haus fuhr und das Mauerwerk beschädigte. Das wollte man mit Prellsteinen verhindern. Der Prellstein des barocken Palais Thienfeld in der Mariahilferstraße 2 / Ecke Südtirolerplatz ist besonders sehenswert, weil er mit einem schmiedeeisernen Helm geschmückt ist. Der Grund für den besonderen Schmuck liegt vermutlich darin, dass das Haus einst im Besitz des Eisenwarenhändlers Johann Adam Thien war!

SPÜRNASEN, AUFGEPASST!

Siehst du die Madonnenstatue am Haus Griesgasse 2 / Ecke Südtirolerplatz 5? Schau sie dir gut an. Fällt dir das kleine rechteckige Fenster unter dem Baldachin auf? Aus diesem Spähfenster können die Hausbewohner unbemerkt den Südtirolerplatz bis zur Mur beobachten!

LEOPOLD AUENBRUGGER

Im Gasthaus Schwarzmohrenwirt in der Griesgasse 2 / Ecke Südtirolerplatz 5 wurde der Arzt Leopold Auenbrugger im Jahr 1722 geboren. Er entwickelte die Perkussionsmethode, das Abklopfen des Oberkörpers, um festzustellen, ob die Lunge krank ist. Die Idee zu dieser Methode hat eine lustige Vorgeschichte: Im Keller des Gasthauses lagerten Weinfässer. Auenbrugger entdeckte durch Abklopfen der Fässer, dass der Klang je nach Füllmenge unterschiedlich war. Diese Erkenntnis wandte er beim menschlichen Körper an. Ihm zu Ehren heißt der Platz, auf dem das Landeskrankenhaus Graz steht, Leopold-Auenbrugger-Platz.

Während Nelli und Moritz nach dem Spähfenster am Haus Südtirolerplatz 5 suchen, zeigt Hansi Susi ein exotisches Tier. Der Sage nach war 1629 in einem Gebäude am Südtirolerplatz der Elefant eines Paschas, das ist ein hoher türkischer Offizier oder Beamter, untergebracht. Ob diese Geschichte der Wahrheit entspricht, ist fraglich. Was aber mit Sicherheit wahr ist: Im Haus Südtirolerplatz 11–13 gab es das Hotel „Zum Elefanten". Im Hof des Hauses erinnert ein Steinelefant an dieses Hotel.

WARUM HAT EIN ELEFANT SO GROSSE OHREN?

Die großen Ohren der Elefanten dienen ihrer Kühlung. Durch die Ohren laufen viele Adern, durch die das erhitzte Blut fließt. Wedelt der Elefant mit den Ohren, wird das Blut durch den Luftzug abgekühlt. Das auf diese Weise abgekühlte Blut fließt in den Körper zurück. Die afrikanischen Elefanten haben größere Ohren als die indischen, denn sie leben in baumlosen Steppen, wo es sehr heiß ist. In Indien ist es zwar auch heiß, aber es gibt dort mehr Bäume, die Schatten bieten.

DAS KUNSTHAUS

Warst du schon einmal in einem Zimmer mit schiefen Wänden, in dem die Fenster nicht eckig, sondern rund sind? Bist du schon einmal die Wände hochgegangen? Hast du schon einmal versucht, dein eigenes Kunstwerk an einer schrägen Wand zu befestigen? Konntest du schon einmal heimlich Kaffeehausbesucher beobachten? Nicht? Dann auf ins Grazer Kunsthaus am Lendkai 1!

DÜSEN AUF DEM DACH

Nicht alle Häuser müssen eckig sein oder gerade Wände haben. Nicht jedes Haus hat Fenster, durch die das Tageslicht in den Raum fällt. Und ein Haus muss auch keinen herkömmlichen weißen Verputz haben. Das Grazer Kunsthaus hat nichts von alledem, an das wir gewöhnt sind, wenn wir uns ein Gebäude anschauen. Es ist rund, hat 16 ausgestülpte Lichtöffnungen auf dem Dach und die Fassade besteht aus 1068 Acrylglasplatten, die die Blase wie ein riesiges Puzzlespiel überziehen. Unter den Glasscheiben befinden sich 900 kreisrunde Lichter, mit denen man die Fassade abends zum Leuchten bringt. Wie die Kommandozentrale eines Raumschiffes dockt sich der gläserne Gang an die Blaue Blase an. Von hier aus hat man einen schönen Blick über Graz. Außerdem kann man sich die Acrylglasplatten mit den Leuchten darunter aus der Nähe anschauen.

DAS EISERNE HAUS

Wer ganz genau schaut, dem fällt auf, dass sich der Haupteingangsbereich des Kunsthauses deutlich von der „Blauen Blase" abhebt. Das sind die denkmalgeschützten Teile des Eisernen Hauses, das seit 1848 auf dem Platz des heutigen Kunsthauses stand. Das Eiserne Haus war für das 19. Jahrhundert ein toller Bau: Der 1. Stock bestand aus Baumaterialien, die für die damalige Zeit in Österreich noch nicht üblich waren: Gusseisen und Glas. Der Baumeister Johann Benedict Withalm lernte diese Bauweise auf seinen Reisen durch England kennen.

DIE KLOSTERKIRCHE DER BARMHERZIGEN BRÜDER

DIE BARMHERZIGEN BRÜDER

Kloster und Spital der Barmherzigen Brüder in Graz verdanken ihre Entstehung einem Unglücksfall. Erzherzog Maximilian Ernst, der Bruder des Kaisers Ferdinand II., erkrankte im Jahr 1615 schwer. Ihm drohte eine Armamputation. Einem Mönch des Ordens der Barmherzigen Brüder gelang es, Maximilian Ernst zu heilen und den Arm zu retten. Aus Dankbarkeit über die Genesung gründeten Maximilian Ernst und sein Bruder Ferdinand das Spital der Barmherzigen Brüder. 1615 richtete man in einem einfachen Stadel ein Krankenzimmer mit 12 Betten ein. Im Laufe der Zeit wurde das Krankenhaus ausgebaut. Heute entspricht es dem modernsten Standard.

KNACK DIE RÄTSELNUSS:
Kirche und Kloster stehen auf einer ehemaligen Hinrichtungsstätte. Streiche alle ACDGHMS aus der Buchstabenschlange, so enthüllst du den Namen dieses unheimlichen Ortes:

ALDHOMGTSTGEMARCHBAGRGUMSNCNSAEASHNMS

Das Ordenswappen der Barmherzigen Brüder ist der Granatapfel mit dem Kreuz. Ein Granatapfel ist eine apfelähnliche, besonders kernreiche Frucht, die auf Bäumen wächst. Die vielen Kerne kannst du im Ordenswappen gut erkennen. Innerhalb und außerhalb der Kirche entdeckst du viele Granatäpfel: an den Kirchenbänken, am Hauptportal oder am Eingang der Apotheke.

In der Klosterkirche hängt die Schiffsglocke dess Schlachtmarineschiffes Tegetthoff. Die S.M.S. Tegetthoff war im 1. Weltkrieg zwischen 1914 und 1918 im Einsatz. Benannt war das Schiff nach dem berühmten Admiral Wilhelm Freiherr von Tegetthoff (1827 bis 1871), unter dessen Leitung Österreich einige Seeschlachten gewonnen hat. Am Tegetthoffplatz im Bezirk Geidorf steht sein Denkmal, am Friedhof in St. Leonhard ist er begraben.

Die *Feuerbachgasse*

Vom Bezirk Lend hüpfen die Eichhörnchen in den 5. Grazer Bezirk namens Gries. Hansi wird ein wenig übermütig, da er merkt, dass Susi ihn mag. Er packt sie bei der Hand und springt mit ihr die Feuerbachgasse entlang.

EIN STINKENDES BÄCHLEIN

Aus dem Feuerbach holten die Stadtbewohner das Löschwasser für Brände. Aus diesem Grund verlief er quer durch die Murvorstadt. Da die Wasserqualität nicht sehr gut war, weil die Grazer auch Abfälle in dem kleinen Bach entsorgten, wurde er als gestunkenes Bächl bezeichnet.

DER ZANKLHOF

Das Haus Feuerbachgasse 16 ist besser bekannt als Zanklhof. Hier befand sich das Geschäft der Farbenfabrik Zankl, die 1862 von Anna Zankl gegründet wurde. Es war so außergewöhnlich zu dieser Zeit, dass eine Frau eine Firma leitete, dass Anna Zankl ihren Vornamen hinter der Abkürzung „A." verbarg, da sie sonst wahrscheinlich keine Geschäfte gemacht hätte. Heute ist im Zanklhof die Grazer Zentralbibliothek untergebracht.

Anna Zankl 1823–1890

DER KIPFERLKRIEG

Im Zanklhof befand sich im 18. Jahrhundert die Bäckerei des Bäckermeisters Jakob Archan, dem es als einzigen Grazer Bäcker erlaubt war, Briochekipferln zu backen und zu verkaufen. Damit löste er in Graz einen Kipferlkrieg unter den Bäckern aus, die auf dieses Geschäft neidisch waren.

DAS BAD ZUR SONNE

In der Feuerbachgasse / Ecke Belgiergasse gibt es seit 1874 ein Paradies für Wasserratten. Das „Bad zur Sonne" ist im Winter ein Hallenbad. Im Sommer wird es zu einem Freibad, indem man das riesige Schiebedach einfährt.

WAS IST SGRAFFITO?

Siehst du die Darstellung der Familie mit Sonne und Wasser? Die Technik, in der die Szene dargestellt ist, nennt man Sgraffito (Mehrzahl Sgraffiti). Das ist Kratzputz. Es leitet sich vom italienischen Wort „sgraffiare" ab, was so viel wie „kratzen" bedeutet. Auf die Wand werden mindestens zwei Putzschichten aufgetragen. Man legt eine Schablone auf und kratzt diese Schicht der Schablone entsprechend wieder ab. Der Putz muss aber noch feucht sein! So entsteht ein zweifarbiges Muster. Man kann auch mehrere verschiedenfarbige Putzschichten auftragen und dann bis zu jener Schicht kratzen, deren Farbe sichtbar bleiben soll.

Sgraffito an der Fassade des „Bades zur Sonne"

Die Sgraffitotechnik war in der Zeit der Renaissance sehr beliebt: Der kleine Garten des Franziskanerklosters (Seite 61) birgt Sgraffito-Dekorationen aus der 2. Hälfte des 16. Jahrhunderts.

KNACK DIE RÄTSELNUSS:
Unsere Eichhörnchen bekommen im Bad zur Sonne keine Abkühlung. Tiere sind hier nämlich nicht erlaubt. Deshalb suchen sie Erfrischung unter dem Wasserschlauch: Welchen Wasserhahn müssen sie aufdrehen, um sich abkühlen zu können?

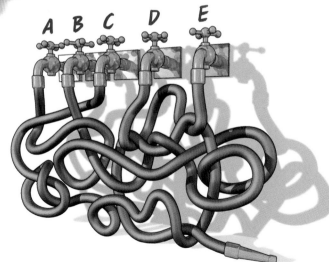

Die *Griesgasse*

WAS BEDEUTET DER NAME GRIES?

Unter Gries versteht man feinen Flussschotter, der mit Sand vermischt ist. Das Ufer der Mur besteht aus solchen Sand- und Schotterbänken.
Ende des 15. Jahrhunderts begann man die vielen Seitenarme der Mur, die durch die Bezirke Lend und Gries verliefen, trockenzulegen und zu bebauen. So entstand die Murvorstadt.

„Schaut mal, was es hier für eine entzückende Bäckerei gibt!" Susi bleibt vor dem Haus in der Griesgasse 48 stehen und gerät ins Schwärmen. „Der kleine Vorbau hinter den Holzbalken diente bestimmt zum Verkauf von frischem Brot und Gebäck!" Susis Vermutung ist richtig. Seit 1663 ist der Griesbäcker eine Bäckerei. So einen Bäckerladenvorbau aus dem 17. Jahrhundert gibt es in Graz kein zweites Mal. Der Duft von warmen Nusskipferln ist un-widerstehlich. Hansi und Susi schlüpfen in die Bäckerei und besorgen sich eine köstliche Jause. Während sie an ihrem süßen Backwerk naschen, lotst der Großvater Nelli und Moritz auf den Griesplatz.

111 GASTHÖFE IN DER MURVORSTADT

Schenkt man dem Geschichtsschreiber Aquilinius Cäsar, der übrigens auf dem Leonhardfriedhof begraben ist, Glauben, gab es um 1780 in der Murvorstadt 111 Gasthäuser. Über den Griesplatz verlief die wichtige Handelsstraße von Wien nach Triest. So wie heute unzählige Autos brausten früher viele Fuhrleute mit ihren Pferdefuhrwerken über den holprigen Platz. Diese Durchreisenden hatten Hunger oder wollten in Graz übernachten. Aus diesem Grund gab es auf der rechten Murseite tatsächlich viele Gasthöfe.

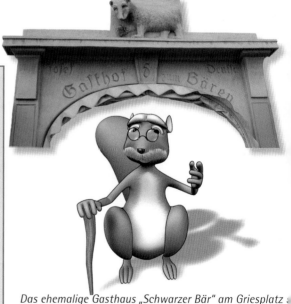

Das ehemalige Gasthaus „Schwarzer Bär" am Griesplatz

„Wow, auf dem Griesplatz herrscht ein ziemlich buntes Durcheinander verschiedenster Nationen! Riechst du die Gewürze aus dem türkischen Laden?", ruft Nelli. Griechisches Tsatsiki neben italienischer Pizza, österreichischem Schnitzel und türkischem Kebab: Auf dem Griesplatz kannst du eine kulinarische Reise machen.

DIE PESTSÄULE

Um 1680 brach in der Murvorstadt eine Pestepidemie aus. Aus Dankbarkeit für das Ende dieser Krankheit stifteten die Bewohner des Bezirkes Gries eine Pestsäule. Andere Pestsäulen in Graz stehen auf dem Lend- und auf dem Karmeliterplatz.

Siehst du die vergoldeten Weinlaubranken, die sich um die Säule winden?

WAS VERSTEHT MAN UNTER PEST?

Die Pest ist eine Infektionskrankheit, die heutzutage kaum mehr auftritt. Sie wurde von Ratten verbreitet, deren Flöhe die Menschen bissen und so die Krankheit übertrugen. Sie zählte zu den schwersten und häufigsten Seuchen und brach meist dort aus, wo Schmutz, Dreck und Elend herrschten. In Graz ging eine furchtbare Pestwelle um 1680 von der Murvorstadt aus. Da die Pest eine hoch ansteckende Krankheit war, wurden die Häuser von Pestbefallenen mit einem weißen Kreuz gekennzeichnet und für 40 Tage zugesperrt. Erst nach einer gründlichen Reinigung, bei der meist alle Möbel verbrannt wurden, durfte man das Haus wieder betreten. Da selbst Priestern der Kontakt mit Pestkranken verboten wurde, verabreichten sie den Kranken die heilige Kommunion mit einem langstieligen Pestlöffel von außen in das Haus hinein. Ärzte und Pfleger trugen besondere Gesichtsmasken, die mit Harz, Pech und Gewürzen bestrichen waren. Man behandelte Kranke in eigenen Pesthütten und brachte sie aufgrund der Ansteckungsgefahr in kein öffentliches Krankenhaus.

DIE WELSCHE KIRCHE

Kleine Putten bevölkern die Kirche

Während unseres ersten Spazierganges hast du schon einiges über die italienischen Baumeister in Graz erfahren. Kannst du dich erinnern? Um miteinander in Kontakt zu kommen, schlossen sich die italienischen Handwerker zu einer Gemeinschaft zusammen. Sie ließen von 1721 bis 1725 die entzückende Welsche Kirche erbauen. Jetzt fragst du dich bestimmt, was am Äußeren der Kirche entzückend sein soll, wie ein Zwerg steht sie vor dem riesigen Posthochhaus. Geh ins Innere und lass dich überraschen! Das kleine Kirchlein ist eines der schönsten Beispiele des Barock in Graz. Überall findest du Fresken und Stuckdekoration!

Rechter Seitenaltar

SEITENALTÄRE VOM LINKEN MURUFER

Die beiden Seitenaltäre gehörten einst zur Ausstattung der Klarissinnenkirche im Paradeishof (Seite 65). Die obere Darstellung am rechten Seitenaltar zeigt, wie die heilige Anna ihrer Tochter Maria das Lesen beibringt.

Das Ewige Licht, wie hier in der Welschen Kirche, gibt es in jeder katholischen Kirche. Eine ununterbrochen brennende Lampe erinnert daran, dass Jesus immer bei uns ist.

„Warum heißt die Welsche Kirche denn nicht Italienische Kirche, wenn sie doch von Italienern in Auftrag gegeben wurde?", wundert sich Nelli. Großvater kennt die Antwort: „Es hat sich in Graz eingebürgert, die oberitalienischen Baumeister und Handwerker als welsch zu bezeichnen. Das Wort ‚welsch' bedeutet ‚italienisch'."

DUNKLE WOLKEN ÜBER GRAZ

Bereits 1892 erbaute man in Graz eine Synagoge. Wie die Christen in der Kirche sollte auch die jüdische Gemeinde ihre Religion in einem entsprechenden Haus praktizieren können. Diese Synagoge wurde wie fast alle jüdischen Bethäuser in der so genannten „Reichspogromnacht" vom 9. auf den 10. November 1938 niedergebrannt. In einer von den Nationalsozialisten beherrschten Stadt war für Juden kein Platz mehr.

DIE SYNAGOGE

Die Synagoge am David-Herzog-Platz (Ecke Zweiglgasse/ Grieskai) besteht zum Teil aus Ziegelsteinen des niedergebrannten ursprünglichen Gebäudes. Viele der originalen Mauersteine verwendeten die Nationalsozialisten für den Bau von Garagen. Nachdem man sie wieder entdeckt hatte, haben Schüler für eine Projektarbeit diese Ziegel in mühevoller Arbeit freigelegt und geputzt.

JÜDISCHE SPUREN IN GRAZ

Hast du Lust, weitere jüdische Spuren in Graz zu entdecken? Dann spazier zur Grazer Burg: Gegenüber der Doppelwendeltreppe (Seite 31) findest du einen jüdischen Grabstein aus dem Jahr 1387. Er erinnert uns daran, dass es im 15. Jahrhundert in Graz ein richtiges jüdisches Viertel mit einem dazugehörigen Friedhof gegeben hat.

Tel.: 0316/712468
www.ikg-graz.at
Öffnungszeiten:
Di–Fr: 10–13 Uhr
(außer feiertags)

Die erste Grazer Synagoge aus dem Jahr 1892 war viel größer als die jetzige. Damals lebten ungefähr 2500 jüdische Bürger in Graz. Heute sind es ca. 100.

99

Der *Augarten*

MURAUEN

Aulandschaften werden leider immer seltener. Möchtest du eine entdecken? Dann schwing dich auf dein Rad: Der R2-Radwanderweg verläuft ab Feldkirchen bei Graz durch die Murauen. Auf dem Naturlehrpfad erfährst du viel Neues über die tierischen und pflanzlichen Bewohner einer Au!

Die Augartenbrücke führt die Eichhörnchen in ein Paradies: Im Augarten können sie von Baum zu Baum hüpfen und Kindern auf dem Spielplatz zusehen!

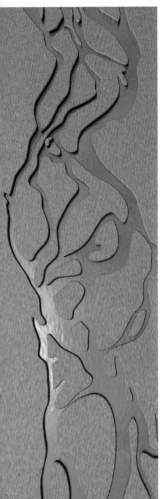

WAS VERSTEHT MAN UNTER EINER AU?

Der Name Augarten ist eine Zusammensetzung der Wörter „Au" und „Garten". Wobei das Wörtchen „Au" in diesem Zusammenhang nichts mit Schmerzen zu tun hat. Eine Au ist eine Wasserlandschaft, die sich aus vielen Nebenarmen eines Flusses bildet. Augebiete werden regelmäßig vom Fluss überschwemmt. Das Wasser verteilt die Nährstoffe über den Boden. Deshalb ist das Erdreich einer Au immer feucht und sehr nährstoffreich. Diese Lebenswelt ist ideal für Pflanzen und Tiere.

41. **KNACK DIE RÄTSELNUSS:**
Auch für Schnecken ist die Au ein geeigneter Lebensort. Rechne aus, wie alt unsere Schnecke ist!

. . . .

So verzweigt war die Mur im Gebiet des Augartens um 1875. Heute ist hier von einer Au keine Spur mehr, da der Garten durch die Regulierung der Mur trockengelegt wurde.

MUSEUM DER WAHRNEHMUNG

Das MUWA in der Friedrichgasse 41 bietet dir mit wechselnden Kinderprogrammen und Workshops die Gelegenheit zu erfahren, dass Sehen und Hören nichts Selbstverständliches sind. Bei Führungen merkst du schnell, wie vielfältig man seine Sinne einsetzen kann!

Tel.: 0316/811599
www.muwa.at
Öffnungszeiten:
täglich außer Dienstag
von 14 bis 18.30 Uhr

Die Eichhörnchen können sich nicht entscheiden, wie dieser aufregende Tag ausklingen soll: Rumtollen im Augarten oder ein Besuch im Kindermuseum FRida & freD in der Friedrichgasse 34? So trennen sie sich und jedes macht das, worauf es gerade Lust hat. Nelli und Moritz toben sich im Augarten aus. Der Großvater macht es sich in einem Baum gemütlich und genießt die Stille in luftiger Höh'.

KINDERMUSEUM FRida & freD

Hansi wittert eine Chance, mit Susi ein Weilchen allein zu sein. Er erzählt ihr von den tollen Ausstellungen und Workshops im Kindermuseum und davon, dass man hier seinen Geburtstag mit Freunden feiern kann. Besonders freut sich Hansi auf die verschiedenen Theatergruppen, die im Kindermuseum regelmäßig auftreten. Susi mag kreatives Arbeiten, deshalb nimmt sie an einem Filz-Workshop teil. Ob sie für Hansi eine Blume filzt?

Tel.: 0316/872-7700
www.fridaundfred.at
Öffnungszeiten:
Mo, Mi, Do: 9–17 Uhr
Fr: 9–19 Uhr
Sa, So, Feiertage: 10–17 Uhr

Die beiden Eichhörnchen lassen den Tag in einem Museum, in dem du viel ausprobieren darfst und nicht mucksmäuschenstill sein musst, ausklingen. Und die beiden haben sehr viel Spaß dabei. Übrigens: Entworfen wurde das Kindermuseum vom Architektenduo Hemma Fasch und Jakob Fuchs.

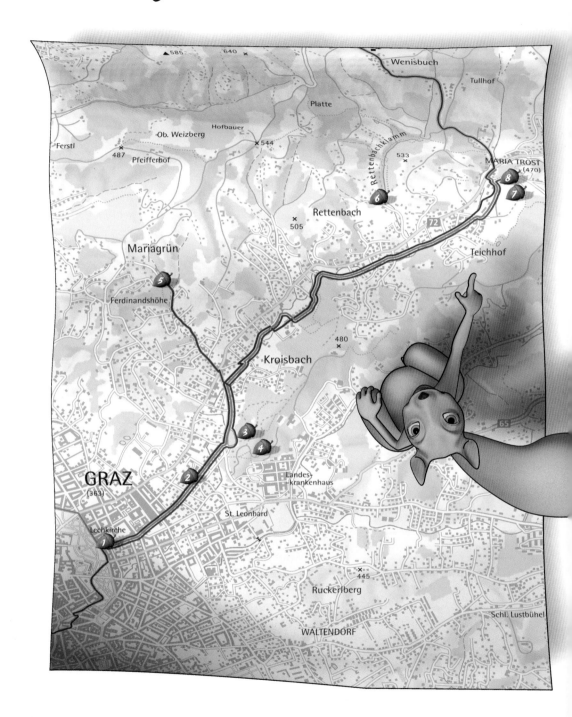

Dieser Ausflug startet bei der Leechkirche. Der Großvater schmunzelt, als Hansi, Susi, Nelli und Moritz verspätet zum Treffpunkt kommen. Das ist kein Wunder, denn die Leechkirche ist gut versteckt. Glaubst du, dass du sie schneller finden wirst?

Einige unheimliche Überraschungen erwarten dich und die Eichhörnchen: fleischfressende Pflanzen, Tiere, die mit dem Kopf nach unten hängen, oder eine Wetterradarstation, die wie ein UFO aussieht. Was es mit der Seufzerallee und den Spinatwächtern auf sich hat, weiß der Großvater. Im Botanischen Garten lernst du Pflanzen aus der ganzen Welt kennen. Nelli erklärt dir, warum Enten auch in eiskaltem Wasser nie frieren. Zum Abschluss spielen euch viele kleine Engel ein Ständchen.

Beim dritten Ausflug durch die Bezirke Geidorf und Mariatrost ist für jeden etwas dabei. Bestimmt auch für dich!

1 Leechkirche
2 Botanischer Garten
3 Hilmteich
4 Leechwald
5 Mariagrüner Kirche
6 Rettenbachklamm
7 Tramwaymuseum
8 Mariatroster Kirche

▬▬▬ Straßenroute
▬▬▬ Radweg R23
▬▬▬ Mountainbike-Strecke

AUF ZWEI RÄDERN

Dieser Ausflug eignet sich
ideal für eine Fahrradtour.

103

Die *Leechkirche*

Am dritten Tag treffen sich die Eichhörnchen bei der Leechkirche im Bezirk Geidorf.

„Wisst ihr, dass wir vor der ältesten erhaltenen Kirche im Grazer Stadtzentrum stehen? Sie wurde schon im 13. Jahrhundert erbaut!", erklärt Großvater, während sein Enkel Hansi und dessen Freunde ehrfürchtig an den beiden Türmen hochblicken. Nur Nellis Blick bleibt an der Marienfigur mit dem Jesuskind auf dem Arm hängen, die sich im so genannten Tympanon, dem Bogenfeld über dem Eingangstor, befindet.

„Schaut nur, Maria muss lachen, weil ihr Sohn Jesus sie unter dem Kinn kitzelt!"

„Sie gibt ihm meine Leibspeise: einen Apfel. Gut, dass ich gerade erst gefrühstückt habe", ergänzt Moritz, das gefräßigste der fünf Eichhörnchen.

ZWISCHEN ROMANIK UND GOTIK

Nicht immer kannst du eindeutig bestimmen, zu welchem kunstgeschichtlichen Stil eine Statue gehört. Wenn sie z. B. zeitlich gesehen am Übergang von zwei Epochen geschaffen wurde, kann es passieren, dass der Künstler den alten und den neuen Stil eingearbeitet hat, wie im Fall der Marienstatue der Leechkirche. Sie wurde am Ende des 13. Jahrhunderts gestaltet und weist zwei Stilrichtungen auf: Die harten und starren Kleiderfalten im Kleid Marias deuten den Zackenstil der Romanik an. Die Figuren hingegen sind mit Warmherzigkeit und Leben erfüllt, das ist ein Kennzeichen der Gotik.

KNACK DIE RÄTSELNUSS:
Jetzt heißt es: „Schau genau!" Maria sitzt auf zwei von ihr besiegten Furcht erregenden Tieren, die für das Böse stehen. Erkennst du, um welche Tiere es sich handelt? Da es nicht einfach ist, hast du drei Auswahlmöglichkeiten:

a) Drachen
b) Skorpione
c) Spinnen

Heute liegt die Leechkirche versteckt hinter vielen Häusern. Fährst du das Glacis, die Zinzendorfgasse oder die Elisabethstraße entlang, kannst du immer nur einen kurzen Blick auf sie erhaschen. Um 1275, als die Leechkirche erbaut wurde, sah man sie schon von weitem. Von dem kleinen Hügel, auf dem sie steht, blickte man über ein weites unbebautes Gebiet. Das ist heute bei den vielen Häusern und Straßen nur mehr sehr schwer vorstellbar.

DIE GOTISCHE LEECHKIRCHE

Es ist typisch für die gotische Bauweise, dass die Kirchenwände von vielen großen Spitzbogenfenstern durchbrochen sind. Das erzeugt einen hellen, sonnendurchfluteten Raum. Im Inneren gibt es keine Pfeiler oder Säulen, die das Gewicht des Daches tragen. Die stützenden Pfeiler sind an der Außenwand angebracht. All das kann man bei der gotischen Leechkirche sehr gut sehen: Spazierst du außen um die Kirche herum, wirst du 12 gemauerte Pfeiler zählen, die das Gewölbe stützen. Von den vielen Fenstern der Leechkirche sind manche vermauert worden, da zahlreiche der kleinen Glasscheiben im Laufe der Zeit kaputt wurden. Das intakte Glas fügte man in die Fenster des Chorbereiches hinter dem Hochaltar ein. Unglaublich, aber 105 originale Glasscheiben gibt es noch, sie sind immerhin mehr als 670 Jahre alt!

Im Inneren der Kirche, aber auch in die Außenmauer eingemauert, findest du sehr viele alte Grabsteine. Sie stammen von dem Friedhof, der die Kirche einst umgab.

DER ASYLSTEIN

Erbaut wurde die Leechkirche vom Deutschritterorden. Dieser Orden war ursprünglich ein Krankenpflegeorden, später ein Ritterorden, dessen Mitglieder in den Krieg zogen, um für ihren Glauben zu kämpfen. Das Gebiet um die Kirche schenkte ihnen Herzog Friedrich II. Dieses großzügige Geschenk hatte den Hintergedanken, dass die kriegserfahrenen Brüder Graz gegen Feinde verteidigen würden. Der Asylstein in der Zinzendorfgasse an der Ecke zum Kirchenstiegenaufgang deutet die Grenze der einstigen Besitzungen des Ordens an. Innerhalb dieser Grenze konnte jedem Verfolgten Schutz geboten werden. Die Deutschritterordensbrüder halfen ihm, gaben ihm zu essen und zu trinken oder kleideten ihn ein. Kurz gesagt: Man bot ihm Asyl an.

DAS DEUTSCHRITTERORDENSHAUS IN DER INNENSTADT

Um eine schützende Unterkunft innerhalb der Stadtmauern zu haben, erwarb der Deutschritterorden das Haus in der Sporgasse Nr. 22. Kannst du dich an den wunderschönen Innenhof erinnern? Wenn nicht, lies einfach auf Seite 27 nach.

DIE SCHUBERTSTRASSE

Der Vorläufer der Schubertstraße war ein beliebter Fußweg, den die Grazer Seufzerallee nannten. Hier im Schein der Gaslaternen gingen viele Liebespaare spazieren und manche gerieten dabei wegen der romantischen Stimmung ins Seufzen. Das passiert Hansi beim Anblick von Susi ausnahmsweise nicht, denn die Freunde sind mit dem Rad unterwegs und Hansi hat damit zu tun, den leichten Anstieg zu bewältigen. Zum Träumen bleibt da keine Puste.

GASLATERNEN

Die Schubertstraße wird noch immer mit Gaslaternen beleuchtet. Auch am Schloßberg gibt es noch funktionierende Gaslaternen.

KNACK DIE RÄTSELNUSS:

Die Schubertstraße ist nach dem Komponisten Franz Schubert benannt. Um Komponisten geht es auch in diesem Rätsel. Die Namen folgender Komponisten sind durcheinander geraten. Kannst du die Buchstaben wieder in die richtige Reihenfolge bringen?

NNAHJO FSOJE UXF
(1660 – 1741) ....

LFGGWONA DAESMAU ZOTRAM
(1756 – 1791) ....

DWULGI AVN EEEHBTOVN
(1770 – 1827) ....

SUGVAT RELHAM
(1860 – 1911) ....

BREORT ZSOTL
(1880 – 1975) ....

RLCA FROF
(1895 – 1982) ....

„Achtet darauf, dass es in der Schubertstraße neben den zauberhaften Villen aus dem 19. Jahrhundert auch tolle Bauten aus unserer Zeit gibt. Gebäude, die ab etwa 1910 erbaut wurden, fasst man unter dem Begriff Moderne Architektur zusammen", erklärt Susi, als die Eichhörnchen eine kleine Rast einlegen, um zu verschnaufen.

Pflanzenphysiologisches Institut der Karl-Franzens-Universität

Der *Botanische Garten*

Bist du bereit für eine Weltreise zu den Pflanzen aller Erdteile? Na dann, nichts wie los! Begleite die Eichhörnchen in den Botanischen Garten der Karl-Franzens-Universität Graz in der Schubertstraße zur Ecke Holteigasse.

PFLANZEN AUS ALLER WELT

In den Gewächshäusern wachsen das ganze Jahr über tausende Pflanzen aus aller Welt. Das ist natürlich nicht so einfach, denn tropische Pflanzen wie Bananenstauden könnten ohne besondere Voraussetzungen bei uns nicht überleben. So hat man in den Gewächshäusern durch die unterschiedliche Höhe von Luftfeuchtigkeit und Temperatur verschiedene Klimazonen geschaffen. Für dich als Besucher ist das sehr spannend: Bei einem einzigen Spaziergang durch die Gewächshäuser kannst du Pflanzen aus dem Regenwald, aus dem Mittelmeerraum (z. B. Italien oder Griechenland) und aus der Wüste bewundern.

Die Paradiesvogelblume

Hansi, Susi, Nelli, Moritz und der Großvater können es nicht erwarten, die Pflanzen in den Gewächshäusern genau unter die Lupe zu nehmen. Kein Wunder, sie kennen ja nur die Bäume und Sträucher aus dem Stadtpark! Wer von ihnen hat schon jemals einen Eiskrembohnenbaum, dessen süßliche Samenmäntel von mittelamerikanischen Kinder genascht werden, gesehen?

Den Eichhörnchen ist die feucht-warme Luft des Tropenhauses etwas unangenehm. Das Regenwaldklima mit seiner hohen Luftfeuchtigkeit macht vor allem dem Großvater zu schaffen. Die Bananenstauden fühlen sich hier aber wie zuhause. „Wie kommen die Bananen eigentlich in unsere Supermärkte?", fragt sich Moritz, dem beim Anblick der Früchte das Wasser im Mund zusammenläuft.

Die Bananen werden gepflückt, wenn sie noch grün und unreif sind. Auf den Frachtschiffen lagert man sie kühl, damit sie nicht zu schnell reifen. In Europa werden die Früchte entladen und in feucht-warme Hallen gebracht.

Die Bananenstaude

*Eine aufgesprungene
Baumwollsamenkapsel*

Du hast sicher Pullover und Hosen aus Baumwolle in deinem Kasten hängen. Schau dir in den Gewächshäusern die Pflanze an, aus der der Grundstoff für deine Kleidung gewonnen wird! Wenn die Samenkapseln der Baumwolle reif sind, platzen sie auf und die weißen Samenhaare quellen heraus. Aus diesen Samenhaaren kann man noch keine Hose nähen, und so werden die Kapseln gepflückt und in einer Baumwollspinnerei zu Baumwolle verarbeitet, die für die Herstellung von Kleidung verwendet wird.

WIE KOMMT DER KAFFEE INS PACKERL?

Der Kaffeebaum braucht sehr warmes Klima. Es darf aber am Tag nicht zu heiß und in der Nacht nicht zu kalt sein. Deshalb wird Kaffee hauptsächlich in den Tropen angebaut. Die Früchte des Kaffeebaumes sind zunächst dunkelgrün. Färben sie sich dunkelrot, sind sie reif. Dann werden sie als Kaffeekirschen bezeichnet. Da immer zwei Kaffeebohnen Rücken an Rücken wachsen, enthält eine Kaffeekirsche zwei Samen. Das Pflücken der Früchte ist mühsam, da sie nur sehr klein sind und viele für ein einziges Packerl Kaffee benötigt werden. In der Fabrik befreit eine Schälmaschine die Kaffeekirschen von ihrer Haut und die eigentlichen Kaffeebohnen kommen zum Vorschein. Diese werden gereinigt, getrocknet, geröstet und schlussendlich entweder gemahlen oder ungemahlen verpackt.

Ein Kaffeebaum

KNACK DIE RÄTSELNUSS:

Gehörst du zu den mathematischen Gehirnakrobaten? Dann unterstütze die Eichhörnchen beim Knacken folgender Rätselnuss: Für ein halbes Kilogramm Kaffee benötigt man 10.000 Bohnen. Wie viele Kaffeekirschen sind das? Lies aufmerksam durch, was Moritz über den Kaffee erzählt hat, dann fällt dir die Antwort sicher leicht.

FLEISCHFRESSENDE PFLANZEN

Die Kannenpflanze gehört zu den fleischfressenden Pflanzen. Ihre Opfer fängt sie so: Der Rand der Kanne ist extrem rutschig. Setzt sich eine Fliege drauf, kann sie sich nicht halten und gleitet ins Innere der Kanne ab. Dort fällt sie in eine Flüssigkeit, die wie ein Verdauungssaft funktioniert und den Körper der Fliege zersetzt. Das Deckelblatt der Kanne ist ihr Regenschirm. Es schützt den Verdauungssaft im Inneren vor der Verdünnung durch Regentropfen.

Das ist aber nicht die einzige Methode fleischfressender Pflanzen, Insekten zu erbeuten. Die Blätter des Sonnentaus sind glänzend und klebrig. Das lockt Mücken an, die meinen, dass es hier etwas zu naschen gibt. Stattdessen bleiben sie aber an den Blättern kleben, wo sie auch gleich verdaut werden. Eine weitere Art, Insekten zu fangen, bietet die Venusfliegenfalle: Werden ihre feinen Härchen am Blattrand gereizt, klappt das Blatt automatisch zu und die Mücke ist gefangen.

Der Sonnentau

Der Zimtbaum

Susi steht schaudernd vor den fleischfressenden Pflanzen. Gut, dass diese Pflanzen keine größeren Tiere als Insekten fangen können! Die Verdauung einer Mücke dauert schon fast eine Woche. Hansi legt seinen Arm um Susis Schultern, um sie zu beruhigen.

Da Nelli weiß, dass Susi für ihr Leben gerne Kuchen bäckt, zeigt sie ihr den Zimtbaum. Zimt kann Susi zum Backen immer brauchen. Zimtstangen gewinnt man, indem die Rinde vom Baum geschält wird. Dank Nelli weiß Susi jetzt auch, wie die Vanillepflanze wächst. In Zukunft erinnert sie sich bestimmt jedes Mal beim Vanillekipferln-Backen daran, dass die Vanille zur Familie der Orchideen gehört.

Öffnungszeiten der Gewächshäuser: Mo–Sa: 10–12 Uhr
Di: 1. 5. bis 30. 9.: 16–18 Uhr / 1. 10. bis 30. 4.: 15–17 Uhr
Öffnungszeiten des Freilandes März bis Oktober:
Mo–Fr: 8–17 Uhr, Sa, So und an Feiertagen: 8–15 Uhr

Infos: 0316/380-5651, www.kfunigraz.ac.at/botanik/garten.html

KNACK DIE RÄTSELNUSS:

Kennst du Asterix und Obelix, die beiden Gallier? Dann weißt du auch bestimmt, woraus der Druide Miraculix seinen Zaubertrank braut: Misteln, Hummer, frischen Fisch und manchmal, um den Geschmack zu verbessern, Erdbeeren. Aber eine Zutat fehlt noch. Das Öl eines Baumes, der in den Gewächshäusern wächst. Er hat sich unter anderen Pflanzen des Botanischen Gartens versteckt. Folgendes Rätsel hilft dir auf die Sprünge!

Streiche alle Wörter, die ein **f** beinhalten, die mit **s** enden, die mit **m** enden, die mit **a** beginnen oder die weniger als drei Silben haben.

Bananenpflanze | Kopfeibe | Ginkgo
Drachenbaum | Akazie | Tabak | Leberwurstbaum
Olivenbaum | Steineiche | Ingwer | Alraune
Kakao | Cashewnuss | Safran | Ananas
Säulenkaktus | Pinie | Sternfrucht
Paradiesvogelgewächs | Seidenpflanze
Aronstabgewächs | Kautschukbaum | Salbei
Johannisbrotfrucht | Agave | Blutwurz
Papiermaulbeerbaum | Mispel

DIE ÄLTESTEN PFLANZEN DER STADT GRAZ

In den Gewächshäusern leben auch Pflanzen, die zu den ältesten Gewächsen in Graz gehören. Sie sind mehr als 100 Jahre alt und wurden bereits im 1. Botanischen Garten der Stadt angepflanzt. Dieser 1. Botanische Garten entstand 1809 auf Initiative von Erzherzog Johann (Seite 59). Man legte ihn beim heutigen Landesmuseum Joanneum in der Neutorgasse 45 an. Ende des 19. Jahrhunderts übersiedelte der Botanische Garten in die Schubertstraße. Das alte Gewächshaus im Garten erinnert uns noch daran! Auch die Pflanzen wurden mitverlegt. Mit der Fertigstellung der modernen Gewächshäuser 1995 unter dem Architekten Volker Giencke haben die „Senioren" unter den Pflanzen eine neue Heimat bekommen.

Der *Hilmteich*

Hansi freut sich sehr, als die Freunde beim Hilmteich ankommen. Dieser Ort wirkt so verträumt, dass er Susis Herz sicher erobern kann. Eigentlich sind Eichhörnchen ja Einzelgänger. Aber in der Paarungszeit sieht man sie oft gemeinsam durch Wald und Wiesen tollen. Auch Hansi will eine Familie gründen. Susi wäre das perfekte Eichhörnchen-Mädchen dazu!

Hallo, ich bin die Ente Leo! Meiner Familie und mir geht es hier am Hilmteich sehr gut. Viele Grazer besuchen uns das ganze Jahr über, gehen hier spazieren und füttern uns. Im Sommer gleiten die Menschen mit Ruderbooten über das Wasser. Im Winter ziehen sie hier mit den Schlittschuhen ihre Runden und das auch abends, denn der Hilmteich wird beleuchtet. Ich habe hier schon viele verliebte Pärchen beobachtet.

EISSCHUHVERLEIH

Im Winter kann man am Hilmteich Eisschuh laufen. Solltest du keine eigenen Schlittschuhe haben, kannst du dir im Hilmteichschlössl welche leihen.

WARUM FRIEREN ENTEN IM KALTEN WASSER NICHT?

Enten haben ein Federkleid aus unzähligen kleinen Federn, die unter den langen, äußeren Federn liegen. Diese Federn können sie mit ihrer Bürzeldrüse einfetten. Zwischen den eingefetteten Federn entsteht ein dichter Luftpolster, der das kalte Wasser nicht an die Entenhaut lässt.

DIE SPINATWÄCHTER

Das Haus Hilmteichstraße 97 beherbergte bis 1938 ein Amt, in dem die so genannten „Spinatwächter" arbeiteten. Diese Finanzwachtmänner hatten die Aufgabe, alle Personen und Fuhrwerke, die Richtung Stadt fuhren, zu kontrollieren. Man wollte damit verhindern, dass Lebensmittel, wie z. B. Spinat, in die Stadt geschmuggelt wurden!

Der *Leechwald*

„Seht ihr das komische Gebilde, das zwischen den Bäumen durchschimmert? Es sieht aus wie ein UFO!", ruft Nelli und deutet dabei auf die Metallkuppel, die zwischen den Bäumen des Leechwaldes gleich in der Nähe des Hilmteiches zu erkennen ist.

DIE HILMWARTE: EINE WETTERRADAR-FORSCHUNGSSTATION

Die Hilmwarte wurde im Jahr 1888 als Aussichtsturm errichtet. Heute befindet sich im Backsteinturm mit dem modernen Aufsatz eine Außenstelle der Forschungsgesellschaft Joanneum mit einem Wetterradar. Dieses Wetterradar wird nicht für den Wetterbericht oder die Wettervorhersage verwendet, es dient nur der Forschung. Die Forscher wollen beobachten, wie sich elektromagnetische Wellen (Funksignale) bei Regen, Schnee und Hagel verhalten. Das Radar sendet solche elektromagnetischen Wellen aus und misst das Echo, das von den Regentropfen oder Schneeflocken zurückkommt. Es funktioniert ähnlich wie das Echo von Schallwellen, wenn man laut gegen eine Felswand ruft. Dieses Wissen braucht man, um den Satellitenfunkverkehr auch bei Gewitter in guter Qualität durchführen zu können (Nachrichtentechnik), um aus der Ferne (z. B. aus dem Weltraum) den Regen auf der Erde genau beobachten zu können und um genaue automatische Positionsbestimmungen (z. B. bei einer Flugzeuglandung) auch bei schlechtem Wetter zu erhalten.

KNACK DIE RÄTSELNUSS:
Nummeriere das Alphabet und löse das Rätsel: Rechne aus, welchen Summenwert das Wort Hilmwarte hat, wenn A den Wert 1 hat, B = 2, C = 3 und so weiter, bis du bei Z anlangst, das den Wert 26 hat.

Im Leechwald kannst du vom Hilmteich bis nach Mariatrost spazieren. Er ist ein Mischwald, in dem Laub- und Nadelbäume wachsen. Die Eichhörnchen erkennen Fichten, Föhren, Hainbuchen, Eichen und Edelkastanien. Es ist ein Paradies für unsere pelzigen Freunde!

DIE WALDSCHULE

Erkunde den Wald durch lustige Führungen der Waldschule im Leechwald. Wir Eichhörnchen verbringen viel Zeit auf Bäumen. Wusstest du, dass unser buschiger Schwanz uns hilft, beim Klettern und Springen das Gleichgewicht zu halten? Vielleicht entdeckst du ja im Zuge der Führungen ein paar meiner Spielkameraden, die gerade durch das Geäst toben!

Anmeldung unter: 0316/872-4580 oder www.graz.at

Mariagrün

Die Eichhörnchen radeln zuerst die Hilmteich- und dann die Mariagrünerstraße entlang. Gleich nach dem Hans-Fritz-Weg bleiben sie stehen und sperren ihre Räder ab, denn hier beginnt laut Hinweisschild der Gedenkweg für Peter Rosegger. Zitate aus seinen Büchern begleiten dich entlang des Weges durch den Mariagrüner Wald bis zur Mariagrüner Kirche. (ACHTUNG: Auf Höhe Schwarzbauerweg 25 geht der Gedenkweg in einen schmalen Fußpfad über, der leicht zu übersehen ist.)

DER RETTER DES MARIAGRÜNER WALDES

Peter Rosegger

Einiges habe ich dir über Peter Rosegger auf Seite 15 schon erzählt. Er liebte den Mariagrüner Wald. Als der Wald geschlägert und zu einer Siedlung verbaut werden sollte, setzte er sich sehr für die Erhaltung dieses Erholungsgebietes ein. Seine Verbindung zu Mariagrün war so eng, dass er 1873 Anna Pichler in der Mariagrüner Kirche heiratete.

DIE MARIAGRÜNER KIRCHE

Vor der Mariagrüner Kirche steht ein Denkmal mit Gedichten. Eines erzählt die Gründungsgeschichte der Kirche. Es ist vom Dichter Anastasius Grün, der im 19. Jahrhundert sehr beliebt war. Wenn du wissen willst, wie der Kirchengründer Hans Fritz und seine Frau Rosina ausgesehen haben, geh ins Kircheninnere, wo ihre Porträts hängen. Eine Kurzfassung der Gründungsgeschichte gibt es auf Seite 63.

KNACK DIE RÄTSELNUSS:
Ein Gedicht auf dem Denkmal vor der Kirche stammt von einem Franzosen, der von 1810 bis 1813 in Graz lebte. Mariagrün gefiel ihm so gut, dass er sich eine eigene Laube errichten ließ, um dort zu schreiben. Den Namen des Mannes, dessen Bruder du sicher kennst, findest du bei seinem Gedicht. Wie heißt er?

Das *Mariatroster Tal*

Weiter geht der Ausflug entlang der Straßenbahnschienen durch das Mariatroster Tal. Hansi und Susi haben sich von den anderen Eichhörnchen ein bisschen abgesetzt und radeln gemütlich hinterher. Sie genießen die Fahrt durch das schöne Tal sehr. Neben dem Radeln plaudern sie darüber, wie man wohl vor über 100 Jahren nach Mariatrost gekommen ist. Ob es damals schon öffentliche Verkehrsmittel gegeben hat?

DIE GESCHICHTE DER STRASSENBAHN

Seit 1899 verkehren elektrische Straßenbahnen in Graz. Schon damals war der Jakominiplatz das Straßenbahn-Zentrum. Heute passieren alle sechs Straßenbahnlinien diesen wichtigen innerstädtischen Verkehrsknotenpunkt. Da das Straßenbahnnetz immer weiter ausgebaut wurde, führte man der Ordnung halber 1911 die Liniennummern ein. Von der Zinzendorfgasse über den Hilmteich bis nach Mariatrost fuhr die „Rote", eine Kleinbahn, die ihren Namen dem roten Anstrich verdankte. Die heutige Linie 1 folgt noch teilweise der Route der „Roten".

48

KNACK DIE RÄTSELNUSS:
Die Straßenbahn war nicht immer mit Elektrizität betrieben. Schon seit 1878 gibt es Straßenbahnen in Graz, die ersten wurden aber von Tieren gezogen. Willst du wissen, von welchen? Knack die Rätselnuss, indem du die Tiere entdeckst, die in den folgenden Wörtern versteckt sind:

TISCHWEIN   **RENTE**

KUPFERDACH

HUNDERT   **SCHWANKEN**

DAS TRAMWAYMUSEUM

In der Mariatrosterstraße 204, gleich bei der Endhaltestelle der Straßenbahnlinie 1, befindet sich das Tramwaymuseum. Du kannst neben historischen Fahrscheinen, Fahrscheinentwertern oder Uniformen Oldtimerstraßenbahnen nicht nur bewundern, sondern im Sommer auch damit fahren. Informationen zu den Oldtimerstraßenbahn-Rundfahrten sowie zu den Öffnungszeiten des Museums gibt es unter 0316/887 oder www.gvb-sonderverkehre.at.

Neben dem Mariatroster Radweg gibt es auf der Höhe von St. Johann einen Summstein. Probier ihn aus! Steck deinen Kopf hinein und summe dabei in verschiedenen Tonlagen!

DIE RETTENBACHKLAMM

SCHLUCHT UND WILDBACH

Du suchst ein erlebnisreiches Freizeitabenteuer mit einer Schlucht und einem Wildbach mitten in Graz? Du möchtest über Brücken und Steige klettern? Es soll nicht den ganzen Tag dauern und nicht allzu anstrengend sein. Du glaubst, das gibt es nicht? Dann stellen wir Eichhörnchen dir einen echten Geheimtipp vor: die Rettenbachklamm, deren Eingang sich auf Höhe des Hauses Mariatrosterstraße 233 befindet.

KNACK DIE RÄTSELNUSS:
Löse das Bilderrätsel: Die Antwort ist ein Tier, das in der Rettenbachklamm lebt.

Die *Mariatroster Kirche*

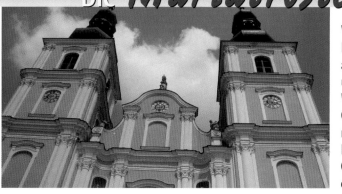

Während Nelli und Moritz sich im Leechwald austoben, besuchen Susi und Hansi die barocke Wallfahrtskirche Mariatrost. Großvater nehmen sie mit, da er ihnen viel Interessantes über die Geschichte der Kirche erzählen kann.

WAS IST EINE BASILIKA?

Papst Johannes Paul II. erhob 1999 die Mariatroster Kirche zur Basilika. Diese Auszeichnung bedeutet, dass die Kirche das Wappen des Papstes führen darf. In der Steiermark gibt es nur vier Basiliken: die Kirchen der Stifte Seckau und Rein, die Wallfahrtskirche Mariazell und die Mariatroster Kirche.

50

KNACK DIE RÄTSELNUSS:

„Hast du die einladenden Worte über dem Haupteingang gelesen? Das ist ein freundlicher Empfang", findet Susi. Aber Hansi als echter Kavalier ist damit beschäftigt, das schwere Kirchenportal für Susi zu öffnen und hat deshalb keine Zeit, die Worte nachzulesen. Kannst du ihm helfen?

DAS HERZ DER KIRCHE

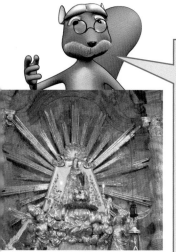

Unglaublich: Die Strahlen der Gnadenstatue am Hochaltar sind insgesamt fast 28 m lang!

Das Herzstück der Kirche ist die Gnadenstatue. In der Mitte des Hochaltares schwebt Maria mit dem Jesuskind auf dem Arm auf einer goldenen Wolke. Bei ihr suchen die Wallfahrer Trost und bitten um Hilfe. Schon im 17. Jahrhundert, als es die Kirche noch gar nicht gab, begann die Verehrung dieser Marienstatue. Damals befand sich anstelle der Kirche ein kleines Schloss auf dem 469 m hohen Purberg (= Burgberg). Als die Tochter des Schlossbesitzers schwer erkrankte, suchte dieser Hilfe bei der Gnadenstatue, die in der Schlosskapelle untergebracht war. Wie durch ein Wunder wurde seine Tochter gesund. Dieses Ereignis sprach sich herum und immer mehr Trostsuchende besuchten die Marienstatue. Bald wurde die Kapelle für die vielen Besucher zu klein. Der Nachfolger des Schlossbesitzers, dessen Tochter geheilt worden war, stellte sein Grundstück zur Verfügung. Ab 1714 wurde die heutige Mariatroster Kirche erbaut, um allen Trostsuchenden Platz zu bieten.

Hansi steht staunend vor der Kanzel, deren Schalldeckel reich geschmückt ist. Er war sonntags schon oft in der Kirche, aber er hat den Pfarrer noch nie dort oben stehen sehen. Da sich der Großvater gerade den Hochaltar ganz genau anschaut, erklärt Susi dem neugierigen Hansi die Funktion der Kanzel:

WAS IST EINE KANZEL?

Die Kanzel befindet sich meist im Mittelschiff der Kirche. Als es in Kirchen noch keine Mikrofone gab, predigte der Pfarrer von der Kanzel aus. Die Kirchenbesucher hörten ihn so besser, da er näher bei ihnen war und der Schalldeckel zusätzlich für eine gute Akustik sorgte. Heute wird in großen Kirchen die Messe mit Lautsprechern übertragen, die Kanzel ist nicht mehr notwendig.

KNACK DIE RÄTSELNUSS:
Am Treppenaufgang der Kanzel findest du Abbildungen von Wundern, die durch das Anbeten der Mariatroster Gnadenstatue geschehen sein sollen. Welches sperrige Ding hält einer der Geheilten in seinen Händen?

Ein Blinder lässt sich zur Kirche führen. Nach dem Gebet vor der Madonna kann er wieder sehen. Unglaublich, oder?

„Schau mal, in dieser brenzligen Situation hat Maria bestimmt auch geholfen!", ruft Hansi und deutet auf ein Fresko in einem Bogenfeld über einer der rechten Seitenkapellen. Großvater erzählt: „Im Jahr 1699 brannte ein Haus. Bis auf den kleinen Sohn konnten alle Hausbewohner gerettet werden. Die Flammen loderten so wild, dass niemand mehr in das Haus konnte. Familie und Freunde beteten für den Kleinen zur Mariatroster Gnadenstatue. Nachdem sich das Feuer gelegt hatte, suchte die Familie nach dem Sohn. Und siehe da: Der Bub kroch gesund und fröhlich unter einer Kiste hervor!"

Die Sonne taucht die Fresken an den Wänden in ein besonderes Licht. Auf unserem Foto siehst du Teile der farbenprächtigen Kuppel.

Bevor Susi, Hansi und der Großvater die Kirche verlassen, werfen sie noch einen Blick auf die Orgel. Hast du schon einmal so viele musizierende Engel gesehen? Sie blasen in Trompeten, Posaunen und Flöten, sie spielen die Trommel und sie zupfen an Geigen. An der Gestaltung der Orgel sieht man sehr schön den Barockstil, in dem die gesamte Kirche erbaut wurde. Freudestrahlend hüpfen und springen die Engel durch die Gegend, sie laden zum Musizieren ein! Das himmlische Orchester zieht die drei Eichhörnchen so in ihren Bann, dass sie nicht merken, wie sich das Kirchentor öffnet und Nelli und Moritz hereinschlüpfen. Die beiden sind völlig außer Atem. Möchtest du wissen, warum?

52.

KNACK DIE RÄTSELNUSS:
Diese Rätselnuss bringt dich garantiert zum Schwitzen: Der allerschönste, aber auch beschwerlichste Weg zur Mariatroster Kirche ist jener über die Angelus-Stiege. Nelli und Moritz haben es ausprobiert und sind die Stufen hoch gehüpft. Da sie so beeindruckt davon waren, wie beim Erklimmen des Kirchberges die mächtige gelbe Fassade mit den zwei Türmen langsam näher kam, haben sie darauf vergessen, die Stufen zu zählen. Kannst du ihnen helfen? Aus wie vielen Stufen besteht diese Stiege?

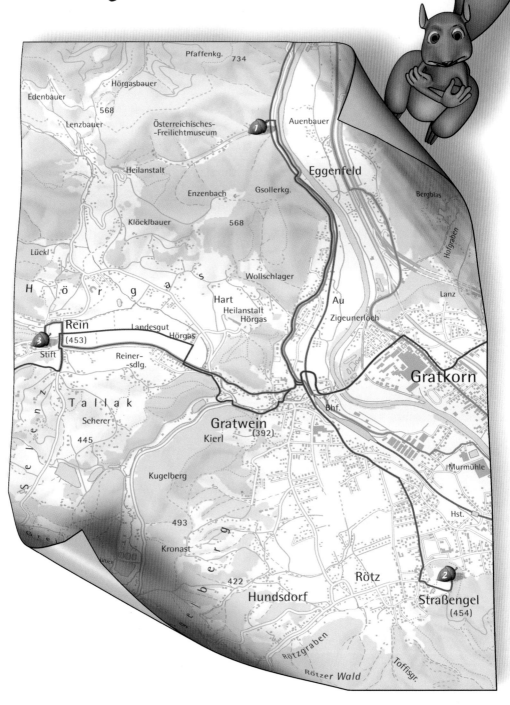

Die Eichhörnchen haben eine angenehme Nacht in ihren Kugelnestern im Stadtpark verbracht. Aufgeregt erwarten sie den Großvater, der für den heutigen Tag ein tolles Programm vorbereitet hat, bei dem auch du deinen Spaß haben wirst: Gemeinsam erkundet ihr ganz Österreich in einem halben Tag! Wie das geht? Lass dich überraschen. Du möchtest wissen, was ein Rauchhimmel ist? Der Großvater weiß es. Und Nelli weiß, warum der Himmel blau ist. Moritz zeigt dir einen Wolfszahn, der nicht im Maul eines Wolfes wächst. Durch Susi erfährst du, was es heißt, im 18. Jahrhundert ein Künstler zu sein. Bei einer kniffligen Rätselnuss musst du dir wie die Mönche im Mittelalter Musterkreise ganz genau anschauen. Spannend wird es, wenn du versuchst, unsichtbare Tinte herzustellen!

Pack deinen Rucksack und entdecke mit den Eichhörnchen Graz über die Stadtgrenzen hinaus!

1 Österreichisches Freilichtmuseum
2 Wallfahrtskirche Maria Straßengel
3 Stift Rein

▬▬▬ Autobahn
▬▬▬ Straßenroute
▬▬▬ Radweg R2
▬▬▬ Mountainbike-Strecke

ÖFFENTLICHE VERKEHRSMITTEL ODER AUTO

Freilichtmuseum Stübing:
Nimm den Regionalzug Richtung Bruck und steig beim Bahnhof Kleinstübing aus. Von dort sind es noch ca. 10 Minuten Fußmarsch bis zum Museum.

Stift Rein: Ab dem Lendplatz fährt der Bus Nr. 110.

Maria Straßengel: Fahr mit dem Regionalzug Richtung Bruck bis zum Bahnhof Judendorf-Straßengel. Möchtest du dir die drei Ziele an einem Tag anschauen, ist es am besten, mit dem Auto zu fahren.

Das Freilichtmuseum *Stübing*

Im Österreichischen Freilichtmuseum Stübing treffen die Eichhörnchen ihren Freund Freddy Frosch. Als Zimmermann geht er auf die Stör, das heißt, er zieht auf der Suche nach Arbeit von Hof zu Hof. Viele Handwerker waren früher auf der Stör, sie haben auf diese Weise ihr Geld verdient, wenn sie zu Hause keine Arbeit gefunden haben. Spring mit den Eichhörnchen in eine Zeit, in der es noch keine Maschinen und Supermärkte gab und in der es noch nicht selbstverständlich war, dass Bauernkinder trotz Schulpflicht die Schule besuchten.

Das Österreichische Freilichtmuseum Stübing ist wie ein großes Dorf. Es gibt Bauernhöfe mit Wirtschaftsgebäuden, wie den Ställen, Getreidespeichern, Brotbacköfen oder Bienenstöcken. Man kann in einer Gemischtwarenhandlung gustieren und sich Handwerksbetriebe wie die Seilerei oder eine Hammerschmiede aus der Nähe anschauen. Es gibt Glockentürme, deren Glocken vor Gefahren wie Feuer warnen, und eine Feuerwehr, die mit von Pferden gezogenen Wagen ausrücken kann.

GANZ ÖSTERREICH IN EINEM TAL

Das Besondere im Freilichtmuseum Stübing ist, dass du dir originale Gebäude aus ganz Österreich anschauen kannst. Du beginnst deine Wanderung im Osten bei den burgenländischen Bauten und beendest sie im Westen, wo die Gebäude aus Vorarlberg ihren Platz haben. Das Tal verläuft tatsächlich von Osten nach Westen.

EIN GROSSES PUZZLE

Man hat die Häuser vor dem Zerlegen mit färbigen Blechplättchen nummeriert, um beim Wiederaufbau die Teile an den richtigen Platz zu bringen.

Schweinestall (3a) aus dem Burgenland.
(Die Zahlen in den Klammern entsprechen der Nummerierung im Museum.)

122

53

KNACK DIE RÄTSELNUSS:
Nicht jeder Bauernhof ist gleich aufgebaut. Es gibt unterschiedliche Hofformen. Jeder der vier Regenwürmer kommt von einem anderen Hof und erzählt dir seine Besonderheiten. Versuche sie zuzuordnen!

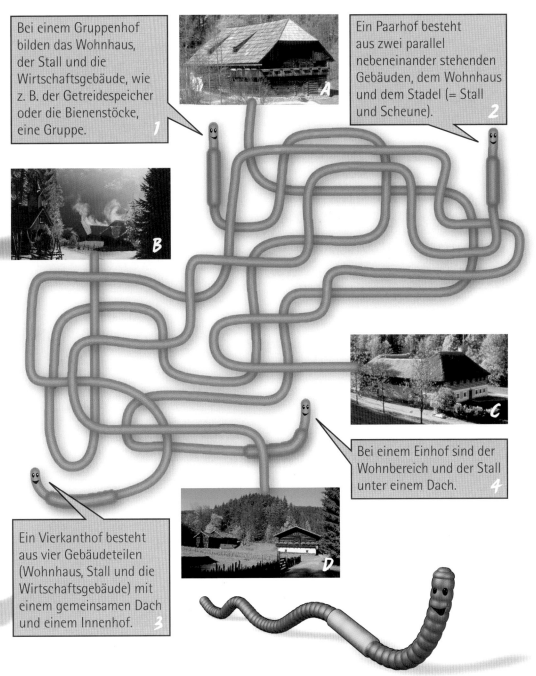

Bei einem Gruppenhof bilden das Wohnhaus, der Stall und die Wirtschaftsgebäude, wie z. B. der Getreidespeicher oder die Bienenstöcke, eine Gruppe. **1**

Ein Paarhof besteht aus zwei parallel nebeneinander stehenden Gebäuden, dem Wohnhaus und dem Stadel (= Stall und Scheune). **2**

Bei einem Einhof sind der Wohnbereich und der Stall unter einem Dach. **4**

Ein Vierkanthof besteht aus vier Gebäudeteilen (Wohnhaus, Stall und die Wirtschaftsgebäude) mit einem gemeinsamen Dach und einem Innenhof. **3**

123

DER VULGONAME

Vulgo ist ein lateinischer Begriff und bedeutet „gewöhnlich". Ein Vulgoname entsteht oft durch den Ort, an dem sich der Bauernhof befindet. Der Vulgoname „Wegherren" ergibt sich z. B. dadurch, dass der Hof direkt neben der Straße liegt. Auch der Name der ursprünglichen Besitzerfamilie eines Bauernhofes kann zum Vulgonamen werden, der über Jahrhunderte hinweg gleich bleibt, obwohl sich der Name der Hofbesitzer durch z. B. Verkauf ändert. Der Vulgoname ist immer auf den Bauernhof, nicht auf dessen jeweiligen Besitzer, bezogen.

KNACK DIE RÄTSELNUSS:
In der Hammerschmiede (19) gibt es eine Beschlagbrücke für Tiere. Man hat Zugtiere, die sich nicht beschlagen, das heißt mit Hufeisen versehen lassen wollten, mit den Bauchgurten vom Boden leicht abgehoben. Nun zur Rätselnuss: Nicht jeder Bauer konnte sich ein Pferd leisten. Welche Tiere wurden hier noch beschlagen? Das zweigeteilte Hufeisen ist ein Hinweis.

KNACK DIE RÄTSELNUSS:
Die Gemischtwarenhandlung (20) hatte auch sonntags offen, um den Bauern, die nur am Sonntag zum Gottesdienst ins Dorf kamen, die Möglichkeit zu geben, einzukaufen. Dabei erfuhren sie auch die Neuigkeiten des Dorflebens. Für Kinder war es das Schönste, wenn sie eine Semmel bekamen. Am Hof gab es ja „nur" Schwarzbrot. Schau dir das riesige Warenangebot an! Findest du drei verschiedene Produkte, die es heute in keinem Geschäft mehr gibt?

Susi und Hansi spazieren durch das wunderschöne Tal vorbei an den liebevoll gepflegten Gärten. Sie lassen sich die Sonne auf den Pelz scheinen. Hansi überlegt nicht lange und reicht Susi seine Hand. Das Eichhörnchenmädchen zögert kurz, bevor es seine Hand nimmt. Glücklich genießen die beiden die blühenden Blumen und das Summen der fleißig nach Nektar suchenden Bienen. „Hier riecht es eigenartig", bemerkt Susi und rümpft ihr spitzes Näschen. Der Geruch kommt aus dem steirischen Rauchstubenhaus „Sallegger Moar" (29). Die beiden Eichhörnchen hüpfen durch die Tür ins Innere, wo Nelli, Moritz, der Großvater und Freddy Frosch um den Tisch sitzen.

Der selchige Geruch kommt von der offenen Feuerstelle in der Rauchstube. Die Rauchstube ist der wichtigste Raum des Bauernhauses „Sallegger Moar" Hier spielte sich das Leben der bäuerlichen Familie ab. Im Truhen- oder Kastenbett lagen Ältere oder Kranke und konnten so am Familiengeschehen teilnehmen und sich am Feuer wärmen. Wurde es nicht als Bett benutzt, gab man den Deckel drauf und hatte so eine zusätzliche Arbeitsfläche. Der warme Rauch des Feuers stieg zur Stubendecke hoch und bildete den Rauchhimmel. Damit er die Bewohner nicht störte, blieben die Fenster geschlossen, denn die hereinströmende Luft hätte den Rauch verwirbelt. Man nützte den Rauch auch zum Fleischselchen oder Holztrocknen. Durch die Luke oberhalb der Stubentür zog der Rauch über den Rauchschlot ins Freie ab.

DAS FEUER AM BRENNEN HALTEN

Die Bäuerin achtete darauf, dass sie das Feuer der offenen Feuerstelle nicht ausgehen ließ. Es war nämlich relativ schwer, Feuer zu machen. Ging das Feuer doch einmal aus, holte sie sich glosende Kohlen vom Nachbarn. Nur am Karfreitag ließen die Bauern das Feuer absichtlich ausgehen, da die Kinder am Karsamstag neues geweihtes Feuer brachten, das die Bäuerin das ganze Jahr über hütete.

LASS ES RAUCHEN!

Du möchtest wissen, wie es ist, den Rauchhimmel über sich zu haben? Dann erkundige dich im Freilichtmuseum, wann die Rauchstuben beheizt werden. Info unter 03124/53700 oder www.stuebing.at

125

WAS IST GRUBENKRAUT?

Bei Grubenkraut handelt es sich um einen Gemüsevorrat der Bauern für den Winter. Die in einem großen eisernen Krautkessel kurz angekochten Krautköpfe lagerten die Bauern in einer mit Holz oder Stein ausgekleideten Krautgrube (27c), die bis zu 2 m tief war. Das Kraut beschwerten sie mit einer Steinplatte. Im Winter war dieses Grubenkraut ein toller Vitamin-C-Lieferant!

Ein Grubenkessel

Die Bauernhöfe im Freilichtmuseum stammen aus einer Zeit, in der es noch keine Maschinen gab. Die Bauern und ihr Gesinde, das sind die Mägde und Knechte, mussten schwere körperliche Arbeit verrichten. Da wurden sie natürlich sehr schnell hungrig. Eine Mahlzeit nur aus Grubenkraut machte die Bauern nicht satt, also stellte die Bäuerin auch Knödel und Fleisch auf den Tisch. Das Gesinde, das auch am Bauernhof wohnte, aß gemeinsam mit den Bauern aus einer großen Schüssel, die reihum ging. Jeder hatte seinen Stammplatz: Das war wichtig, denn an dieser Stelle bewahrte man seinen Löffel in einem Ledergurt unter der Tischplatte auf. Stell dir vor: Die Löffel wurden nur ein paar Mal im Jahr gründlich abgewaschen! Die restliche Zeit schleckte jeder seinen eigenen Löffel sauber ab und steckte ihn wieder in die Schlaufe.

DIE SCHULE (38)

In diesem kleinen Klassenzimmer drückten im Winter 1874 90 Schulkinder die Schulbank! Da nicht alle Schüler in dem kleinen Raum Platz hatten, teilte der Lehrer sie in zwei Gruppen ein, die er abwechselnd vormittags und nachmittags unterrichtete. Im Sommer war das nicht nötig, denn zu dieser Jahreszeit mussten die Kinder am Bauernhof mithelfen, da blieb für das Lernen keine Zeit.

DIE KURRENTSCHRIFT

Kannst du den Satz lesen, der auf der Tafel steht? Er ist in Kurrentschrift geschrieben. Frag deine Großeltern, vielleicht haben sie diese Schrift noch in der Schule gelernt!

KNACK DIE RÄTSELNUSS:
1799, als man mit dem Schulbetrieb begann, unterrichtete der Schulmeister das so genannte Trivium, das waren drei Gegenstände. Welche waren das?

a) Sachunterricht, Lesen, Rechnen
b) Rechnen, Schreiben, Geographie
c) Lesen, Schreiben, Rechnen

Susi schreckt sich, als die Eichhörnchen das steirische Bauernhaus „Säuerling" (40) betreten. Es ist so dunkel hier drinnen! Die kleinen Fenster lassen nur wenig Tageslicht in das Innere. Erst als Hansi sie in den Arm nimmt, fühlt sie sich wohler.

Ich als Zimmermann weiß, warum die Fenster so klein sind: Der „Säuerling" wurde in Blockbauweise errichtet. Der Zimmermann schnitt aus jeweils zwei übereinander liegenden Wandhölzern eine Fensteröffnung heraus. Dabei achtete er darauf, dass jedes Wandholz nur bis zur Mitte ausgeschnitten wurde. Hätte man die Wandhölzer ganz durchgeschnitten, wäre die gesamte Wand einsturzgefährdet gewesen. Erst mit der Entwicklung der Fensterstöcke sind die Fenster größer und damit die Räume heller geworden. Die Bauern verwendeten für das Verschließen der Fenster nicht teures Glas, sondern Tierhäute und Schweinsblasen. Viel konnte man durch so verschlossene Fenster nicht erkennen ...

DER WOLFSZAHN

Die untere Fensterreihe des „Säuerling" ist mit einem so genannten Wolfszahn geschützt. Dieser Eisendorn sollte wilde Tiere vom Eindringen ins Haus abhalten.

„Schaut euch dieses Bauernhaus an! Es schaut ganz anders aus als die anderen hier im Freilichtmuseum", ruft Nelli, als die Eichhörnchen immer weiter Richtung Westen marschieren. Es ist so spannend, alte originale Häuser aus ganz Österreich zu entdecken!
„Das ist ein kleiner Vierkanthof (55), der früher in Oberösterreich stand. Stellt euch vor, es gibt Vierkanthöfe, die sind drei bis vier Mal so groß wie dieser!", weiß der Großvater.

KNACK DIE RÄTSELNUSS:
Der Hof stammt wie viele Gebäude im Freilichtmuseum aus dem 17. Jahrhundert, trotzdem wirkt er viel moderner. Vergleiche die Bauernhäuser, die du bis jetzt gesehen hast, mit dem oberösterreichischen Vierkanthof. Erkennst du drei große Unterschiede?

Bevor die Eichhörnchen weiterwandern, nagen sie ein wenig an einer Baumrinde. Das ist wichtig, denn ihre Schneidezähne wachsen zeitlebens weiter. Fressen sie zu viel weiches Futter, kann es vorkommen, dass die Zähne schneller nachwachsen, als sie abgenutzt werden. Hansi bringt Susi eine besonders leckere Fichtenknospe. Moritz sieht die Knospe und erzählt seinen Freunden, dass Fichten nicht nur zum Naschen da sind.

ECHTE HANDARBEIT

Ultener Gertenzaun

Die Mitarbeiter des Freilichtmuseums stellen die Zäune im Gelände selbst her. Der Ultener Gertenzaun ist ein schönes Beispiel. Die Schlaufen sind aus jungen Fichtenästen. Man achtet beim Abschneiden darauf, dass die Rinde nicht verletzt wird. Durch das Rösten am Feuer werden die Äste ganz biegsam. So kann man die Schlaufen herstellen, mit denen die Zaunlatten zusammengehalten werden. Nach dem Abkühlen sind die Fichtenäste hart und widerstandsfähig.

KNACK DIE RÄTSELNUSS:

Der Wegleithof (59) ist mit Schindeln gedeckt. Man nennt sie Legschindeln, weil sie nicht angenagelt sind. Unsere besonders saftige Rätselnuss lautet: Warum fallen die Schindeln auch bei Wind und Wetter nicht vom Dach?

DER SCHWEINESTALL

Achte auf das Schweinestalldach (60) des Wegleithofes: Anstelle eines Steines liegt eine Hauswurz auf dem Dach, die Krankheiten und Unheil abwehren soll.

DAS SCHMUCKKÄSTCHEN DER BAUERN

Im Getreidekasten (67) beim Hanslerhof (66) aus Tirol lagerte man neben Getreide auch andere Nahrung, Kleidung und Stoffe. Solche wichtigen Dinge bewahrten die Bauern bewusst nicht im Wohnhaus auf, da hier mit der offenen Feuerstelle die Brandgefahr zu groß war. Der steirische Dichter Peter Rosegger bezeichnete den Speicher als „Schatzkästchen" des Bauern.

Der Hanslerhof

Die Eichhörnchen haben sich nach dieser spannenden Zeitreise mit Freddy Frosch eine Pause verdient. Sie sind zwar tagaktiv, das heißt, sie schlafen in der Nacht, brauchen aber mehrmals am Tag eine Ruhepause. Gemütlich kuscheln sie sich am Fuß einer Fichte aneinander und ruhen sich aus. Das nächste Abenteuer wartet schon!

Die Kirche *Maria Straßengel*

Die Wallfahrtskirche Maria Straßengel liegt etwa 5 km nördlich von Graz. Du siehst sie schon von weitem, da sie auf einem Hügel liegt. Schon Mitte des 12. Jahrhunderts wurde in einer kleinen Kapelle ein Marienbild aufbewahrt, das Markgraf Otakar III. dem Zisterzienserstift Rein geschenkt hatte, aber nur unter der Bedingung, es in Straßengel zur Verehrung aufzustellen. Die Wallfahrtskirche Maria Straßengel gehört bis heute zum Stift Rein. Willst du jetzt schon etwas über das Stift wissen, spring auf Seite 136!

Das Ölgemälde vom Maler Joseph Amonte aus dem Jahr 1752 zeigt, wie Markgraf Otakar III. das Marienbild den weißgekleideten Zisterzienserbrüdern überreicht. Es hängt in der Annakapelle der Straßengler Kirche.

Das Wurzelkreuz der Straßengler Kirche ist etwas ganz Besonderes. Es ist keine Schnitzarbeit, die ein Künstler angefertigt hat, sondern eine Laune der Natur. Angeblich fanden es Hirten im Jahr 1255 so, wie du es auf der Abbildung sehen kannst, in einer Tanne. Man kann Augen, Nase, Mund, Kopf- und Barthaare sehr gut erkennen. Unglaublich, dass dieser Jesus einmal Teil einer Baumwurzel war!

59 KNACK DIE RÄTSELNUSS:

Der Hof, in dem die Kirche steht, ist von einer kleinen wehrhaften Anlage umgeben. Kaiser Friedrich III. ließ sie um 1480 errichten, um die Kirche gegen die Türken verteidigen zu können. Auf der linken Seite des Kirchhofes liegt das Pfarrhaus. Zwei Jahreszahlen geben an, wann das Gebäude errichtet bzw. erweitert wurde. Kannst du sie finden?

DIE RAUCHKÜCHE

Frag in der Pfarrkanzlei (Tel.: 03124/51255) an, ob du dir die Rauchküche im Pfarrhaus anschauen darfst. Sie stammt aus dem 15. Jahrhundert, also aus der Erbauungszeit der kleinen wehrhaften Anlage um die Kirche. Kommt dir der Geruch bekannt vor? In den Häusern des Freilichtmuseums Stübing riecht es ähnlich!

EINE KAISERHOCHZEIT IN GRAZ

Im 1582 erbauten so genannten „Kaisergebäu", in dem heute der Kirchenwirt untergebracht ist, übernachtete Kaiser Leopold I. Er heiratete seine 2. Gattin Claudia Felicitas von Tirol im Jahr 1673 in Graz. Gefeiert wurde im Schloss Eggenberg, die Trauung fand im Dom statt. Getafelt haben das kaiserliche Brautpaar und seine edlen Gäste in der Grazer Burg. Stellt euch vor, heute würde ein König in Graz heiraten! Journalisten aus aller Welt würden von dem festlichen Ereignis berichten. Die Aufgabe der Journalisten, die es im 18. Jahrhundert noch nicht gegeben hat, übernahmen die Chronisten. Sie schrieben die Geschehnisse rund um die Hochzeit nieder, aber nicht, um sie zu veröffentlichen. Das hätte auch wenig gebracht, denn die meisten Menschen konnten damals weder lesen noch schreiben.

Gekrönt wird der Turm durch eine Kreuzblume, die kreuzförmig angeordnete Blätter hat. Sie war ein beliebter Abschluss von Türmen in der gotischen Baukunst.

4. Stock: Der oberste Teil des Kirchturmes ist vollständig durchbrochen und mit Maßwerk, so nennt man die Verzierungen in der Gotik, geschmückt.

3. Stock: Die offenen Spitzbogenfenster sind typisch für die Gotik. Rund um diesen Teil des Turmes sind acht Steinfiguren angeordnet: Maria und sieben Engel. Diese Figuren sind so groß wie Menschen!

2. Stock: Die Köpfe der Baumeister der Kirche und derjenigen, die den Bau bezahlt haben, sind hier in Stein verewigt. Erkennst du das Wappen mit dem steirischen Panther?

1. Stock: Die Wände sind mit Blendarkaden verziert, das sind auf einer Mauer angedeutete Arkadenbögen. So konnten die Baumeister Wände interessanter gestalten. Nutzen haben diese Blendarkaden keinen, da du sie nicht begehen kannst.

GEOMETRISCHE LEISTUNGEN IN DER GOTIK

Seht ihr, dass die Turmmauer im oberen Teil durchbrochen ist? Im 14. Jahrhundert war es eine ganz schöne Leistung, Mauern zu durchbrechen, ohne dass sie einstürzten. Die gotischen Baumeister haben in dieser Hinsicht viel geleistet. Sie wollten möglichst viel Licht in die Kirchen lassen und massive Mauern durchbrechen. Genaue Rechnungen und Pläne waren nötig, um eine Mauer nicht zu gefährden, wenn man z. B. Fensterrosen einbaute. Das Maßwerk setzten gotische Baumeister nicht nur dazu ein, um Fenster und Wände zu verzieren, es half auch, ausgebrochene Flächen zu gliedern und damit die Mauer zu stützen. Das Maßwerk wurde auf dem Papier mit dem Zirkel ausgemessen und dann auf die Wand übertragen.

Findest du diese Fensterrose in der Fassade der Straßengler Kirche? Sie ist mit Maßwerk ausgefüllt.

Die Eichhörnchen genießen den Ausblick über die Mauern hinweg. Die Sonne strahlt vom blitzblauen Himmel und wärmt ihnen das Fell.
„Warum ist der Himmel bei schönem Wetter ganz blau und bei Sonnenaufgang oder bei Sonnenuntergang ganz rot?", grübelt Hansi. Er hat schon viele Sonnenaufgänge gesehen, denn Eichhörnchen stehen schon bei Sonnenaufgang auf.

WARUM IST DER HIMMEL BLAU?

Die Sonne lässt den Himmel verschiedenfarbig aussehen. Das Sonnenlicht, das auf die Erde scheint, ist weiß. Weißes Licht ist eine Mischung aus allen Farben, also Rot, Orange, Gelb, Grün, Blau und Violett. Wenn das Sonnenlicht auf die Luftteilchen der Atmosphäre (das ist die Lufthülle, die die Erde umgibt) trifft, wird es gebrochen. Ein Teil der Lichtstrahlen, z. B. Grün, kommt nicht bis zur Erde und wird von der Luft wieder in den Weltraum zurückgestrahlt. Die blauen Strahlen schaffen es, an den Luftteilchen vorbeizukommen. Deshalb erscheint uns der Himmel blau. Bei Sonnenaufgang oder bei Sonnenuntergang hat das Licht einen längeren Weg durch die Atmosphäre, in diesem Fall setzen sich die roten Strahlen durch.

Neugotischer Hochaltar

„Seht ihr, wie herrlich die Sonnenstrahlen durch die Fensterscheiben scheinen?" Hansi ist begeistert von diesem bunten Farbenspiel. Tatsächlich, die prächtigen Glasmalereien tauchen den Kirchenraum in ein stimmungsvolles Licht. Sie wurden in aufwändiger Arbeit von Glaskünstlern hergestellt und zeigen Szenen aus der Bibel und aus dem kirchlichen Leben. 147 der kleinen Glaskunstwerke sind original, das heißt, dass sie aus der Erbauungszeit der Kirche im 14. Jahrhundert stammen. Sie haben viele Jahrhunderte unbeschadet überstanden. Maria Straßengel hat damit den größten Bestand an noch erhaltenen bemalten gotischen Glasscheiben in der Steiermark!

WAS IST EIN HOCHALTAR?

Der Hochaltar ist der wichtigste Altar in der katholischen Kirche. Er beherbergt meist den Tabernakel, in dem man das Allerheiligste, das sind die Hostien, die als „Leib Christi" verehrt werden, aufbewahrt. Der Hochaltar ist meist prachtvoll gestaltet. Sein Mittelpunkt bildet das Altarblatt. Im Fall der Straßengler Kirche ist das das Gemälde der Maria im Ährenkleid. Ursprünglich feierte der Priester die Messe mit dem Gesicht zum Hochaltar und wandte so den Kirchenbesuchern den Rücken zu. Um den Gottesdienst moderner gestalten zu können, gibt es heute vor dem Hochaltar den Volksaltar, der meist die Form eines Tisches hat. Vom Volksaltar aus liest der Pfarrer mit dem Gesicht zu den Kirchenbesuchern die Messe. Außerdem gibt es in katholischen Kirchen auch noch Neben- bzw. Seitenaltäre.

KNACK DIE RÄTSELNUSS:
Das Bild des rechten Seitenaltares zeigt den heiligen Nepomuk, den Hüter des Beichtgeheimnisses. Zwei Engel zeigen, wie sie ein Geheimnis für sich behalten. Was machen sie?

VERSCHIEDENE MARIENDARSTELLUNGEN

Von Maria, der Mutter von Jesus, gibt es viele unterschiedliche Darstellungen. Das Hochaltarbild der Straßengler Kirche zeigt eine „Maria im Ährenkleid". Du kannst die Ähren, in denen die Getreidekörner wachsen, auf ihrem blauen Kleid gut erkennen. Maria ist als junge Frau mit offenem langem Haar dargestellt. Es gibt auch „Schwarze Madonnen", deren Gesichtsfarbe dunkel ist. Die Künstler haben dazu entweder dunkles Holz oder dunklen Stein verwendet, oder das Gesicht einfach bemalt.

Die Ähren auf dem Kleid der schwangeren Maria weisen auf ihre Fruchtbarkeit hin.

In der Annakapelle der Straßengler Kirche findest du Maria auf dem linken Arm ihrer Mutter Anna. Anna hält außerdem ihren Enkel Jesus im rechten Arm. Diese Darstellung nennt man Anna selbdritt.

Im Garten des Franziskanerklosters in Graz ist Maria als Schmerzhafte Mutter dargestellt, die um ihren Sohn trauert. Als Zeichen für ihren Schmerz durchbohrt ein Schwert ihr Herz.

Als Himmelskönigin ist Maria in der Mariatroster Wallfahrtskirche mit einer Krone dargestellt. Ihr Sohn Jesus hält als Zeichen der Macht den Reichsapfel in der Hand. Krone, Reichsapfel und Zepter (= das ist ein mit Edelsteinen verzierter Stab) waren die Symbole von Königen und Kaisern.

DANKE!

In der Annakapelle hängen viele Bilder, die Leute aus Dankbarkeit malen ließen, weil ihnen das Beten zu Maria geholfen hat. Wenn du genau schaust, findest du auf jedem Dankesbild die Maria im Ährenkleid!

KNACK DIE RÄTSELNUSS:
Das Marienbild auf dem Hochaltar ist eine Kopie. Das originale Altarblatt wurde gestohlen und ist seither nie mehr aufgetaucht.
Dieses Suchspiel besteht aus einem Original der Mariendarstellung (links) und seiner Kopie (rechts). Erkennst du die fünf Unterschiede in der Kopie?

Das Zisterzienserstift *Rein*

Das Stift Rein ist das älteste Zisterzienserkloster der Welt, in dem immer noch Mönche leben und arbeiten. Es wurde im Jahr 1129 gegründet, und zwar an einem damals sehr entlegenen Ort. Das war typisch für den Zisterzienserorden. Die Mönche bauten ihre Klöster immer möglichst weit weg von großen Siedlungen. Die Reiner Stiftsmönche hatten auch eine Niederlassung in Graz. Wo genau das war, kannst du auf Seite 70 nachlesen.

Die Eichhörnchen betreten den großen Stiftshof. Moritz beginnt zu grübeln, als er die Basilika, das ist die Kirche, des Stiftes Rein auf der rechten Seite entdeckt: „Seht ihr die Orgelpfeifen im oberen Teil der Fassade? Wie kann man die wohl zum Klingen bringen?"

DAS HORNWERK

Die ursprüngliche romanische Stiftskirche hatte ein so genanntes Hornwerk. Es spielte während oder nach dem Glockengeläute verschiedene Akkorde. (Mindestens drei Töne gleichzeitig gespielt ergeben einen Akkord.) Das Hornwerk an der heutigen Fassade ist eine Attrappe, es kann nicht bespielt werden. Bis 1919 allerdings ließ es sich öffnen und das dahinterliegende Hornwerk konnte erklingen.

DER BAUMEISTER JOHANN GEORG STENGG

Kannst du dich noch an unseren zweiten Ausflug erinnern? Dann kommt dir die Fassade der Basilika in Rein sicher bekannt vor. Sie ähnelt der Kirche der Barmherzigen Brüder in Graz (Seite 93). Der Baumeister Johann Georg Stengg (1689-1753) hat beide Kirchen ungefähr zur selben Zeit (zwischen 1735 und 1747) geplant. Von außen sind sie sich nicht nur wegen der gelben Farbe sehr ähnlich. Fällt dir die schwingende Fassade auf? Stengg wollte beide Kirchen schon von außen in Bewegung bringen, wie es typisch war für das Barock. Das ist ihm durch die konvex-konkave Kurvenform sehr gut gelungen.

KONVEX ODER KONKAV?

Konvexe Formen, z. B. Linsen für deine Augen, wölben sich nach außen, konkave Formen wölben sich nach innen. Die Fassade der Reiner Stiftskirche ist so geplant, dass das Zentrum der Kirche mit dem Hauptportal konvex nach außen springt, während die beiden äußeren Teile konkav nach innen schwingen.

Während Moritz dem Großvater und Nelli den Unterschied zwischen konvex und konkav erklärt, betreten Susi und Hansi das Innere der Basilika. Sie sind von der Größe der barocken Kirche überwältigt. Die Sonne strahlt durch die Fenster und taucht die vielen Fresken in ein besonderes Licht. Susi ist so ergriffen, dass sie Hansi an der Hand nimmt. Die beiden genießen die außergewöhnliche Stimmung.

Klosterkirche der Barmherzigen Brüder

62

KNACK DIE RÄTSELNUSS:

Die Stiftskirche in Rein ist nach der Basilika in Mariazell die zweitgrößte Kirche der Steiermark. Sie ist 76 m lang und 18 m breit. Rechne aus, wie viele Quadratmeter der Kirchenraum hat. Wie viele Quadratmeter hat eure Wohnung? Sie passt bestimmt 10-mal oder öfter in die Stiftskirche.

Stiftskirche in Rein

FÜHL DICH WIE EIN KÜNSTLER!

Schau dir die Gewölbe der Kirche an! Es war bestimmt mühsam, sie auszumalen. Die Künstler arbeiteten auf dem Rücken liegend auf einem großen Holzgerüst. Willst du einen Eindruck davon bekommen? Dann befestige ein Papier an der Unterseite eines Stuhles. Leg dich drunter und mal drauflos! Stell dir dabei vor, fast 17 m über dem Boden zu sein, denn so hoch ist die Reiner Kirche. Allein bei der Vorstellung wird mir schwindelig!

„Seht ihr die bunten Farben der Deckengemälde? Sie leuchten so intensiv, als ob sie erst vor kurzem gemalt worden wären. Dabei sind sie fast 250 Jahre alt", weiß der Großvater. Moritz rechnet nach. Die Fresken stammen aus dem 18. Jahrhundert. Wie hat man damals so kräftige, leuchtende Farben hergestellt? Eins ist sicher: Nicht immer konnten die Farben so bequem wie heute in Tuben gekauft werden. Die Stiftskirche wurde zu einer Zeit erbaut (1738 bis 1747), in der die Herstellung von Farben sehr aufwändig war. Künstler verbrachten viel Zeit damit, die richtigen Zutaten für die Farben, die sie sich vorstellten, zu finden. Sie verschuldeten sich oft, um die richtigen Zutaten kaufen zu können.

NATÜRLICHES FARBENSPIEL

Farben stellte man aus natürlichen Materialien wie Halbedelsteinen (z. B. der grüne Malachit oder der blaue Lapislazuli) oder Pflanzen (z. B. die rote Krapp-Pflanze) her. Es gibt auch Stoffe in der Erde, aus denen man Farben erzeugen kann. Gelber Ocker ist ein natürliches Farbpulver, das in der Erde vorkommt. Das Landhaus in Graz (Seite 50) wurde mit diesem gelben Farbstoff bemalt.

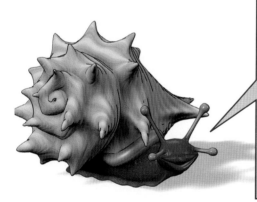

Wir Purpurschnecken leben sehr gefährlich. Eine unserer Drüsen enthält einen Farbstoff, aus dem man ein kräftiges Rot, das so genannte Purpurrot, gewinnen kann. Wenn du bedenkst, wie klein wir sind und dass in unserer Drüse nur ein Tropfen dieses Farbstoffes ist, kannst du dir vorstellen, dass Tausende meiner Vorfahren getötet wurden, nur um einen einzigen Mantel zu färben. Purpurrot gefärbte Stoffe waren deshalb sehr kostbar. Man verwendete sie nur zum Nähen von Kleidern für Kaiser, Könige und Fürsten. Heute kann man die Farbe Purpur Gott sei Dank künstlich herstellen. So habe ich ein längeres Leben als meine Vorfahren.

WER WILL FLEISSIGE HANDWERKER SEHEN?

Da waren wirklich fleißige Handwerker am Werk: Joseph Adam Ritter von Mölk übernahm die Bemalung der Kirche. Seine drei Gehilfen und er mussten wohl rund um die Uhr geschuftet haben, denn sie benötigten nur sieben Monate, um ihre Arbeit an den Fresken am Heiligen Abend im Jahr 1766 abzuschließen.

KNACK DIE RÄTSELNUSS:

Der Orgelprospekt (= die Schauseite der Orgel) ist wie in den meisten barocken Kirchen besonders sehenswert. Welche Instrumente kannst du in den Händen der kleinen Engel erkennen? Die Buchstaben in den Kästchen ergeben den Ort, in dem das Kloster steht!

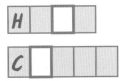

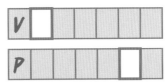

Vor dem Hochaltar der Stiftskirche geht es rechts zur Grabkapelle von Herzog Ernst dem Eisernen. Die marmorne Grabplatte zeigt den Herzog in voller Größe. Da er von 1402 bis 1424 Herzog der Steiermark war, trägt er den steirischen Herzogshut (Seite 30). Siehst du seine hervorquellenden Locken? Achte auf die vielen interessanten Details: die Falten, die der Polster wirft, weil der Kopf darauf ruht, oder die Engel, die den Mantel zur Seite ziehen, damit du die Rüstung sehen kannst.

DAS GRABGEWAND DES HERZOGS

In einer Vitrine in der Grabkapelle sind Teile des Gewandes aufbewahrt, das Herzog Ernst der Eiserne trug, als er 1424 bestattet wurde. Rechne nach, wie alt diese Kleidung schon ist!

EIN WILDER STEIRER UND SEINE STARKE FRAU

Herzog Ernst der Eiserne wurde von seinen Zeitgenossen als wilder Steirer bezeichnet. Den Beinamen „der Eiserne" verdankt er seinem starken Willen. Seine 2. Frau, die polnische Königstochter Zimburgis von Masowien, war angeblich so stark, dass sie Hufeisen mit bloßen Händen verbiegen und voll beladene Wagen bergauf ziehen konnte. Ob das wohl stimmt?

DIE SCHREIBSCHULE

Vor der Erfindung des Buchdruckes durch Johannes Gutenberg im Jahr 1454 schrieb man Bücher mit der Hand. Diese langwierige und aufwändige Arbeit übernahmen Geistliche, denn sie waren zu der Zeit die Einzigen, die lesen und schreiben konnten. Im Stift Rein gab es eine berühmte Schreibschule, aus der das berühmte Reiner Musterbuch aus dem 13. Jahrhundert stammt. Damit lernten die jungen Mönche Bücher und Schriften schön zu gestalten, indem sie Buchstaben, Ornamente und Muster abzeichneten. Die Schreiber konnten oft selbst gar nicht lesen, sie malten einfach die Vorlagen ab. Ein Buch abzuschreiben war sehr anstrengend, denn oft mussten die Schreiber mit Lupen arbeiten, da die Buchstaben manchmal nur 1,5 mm hoch waren. Mit dem Buchdruck konnte man plötzlich eine ganze Seite auf einmal drucken. Das hat die Arbeit natürlich sehr erleichtert.

 64.

KNACK DIE RÄTSELNUSS:
Die Mönche verzierten ihre Handschriften mit sehr aufwändigen Ornamenten. Schau dir die einzelnen Musterkreise, die aus dem Reiner Musterbuch stammen, genau an. Ein Motiv kommt zweimal vor, welches?

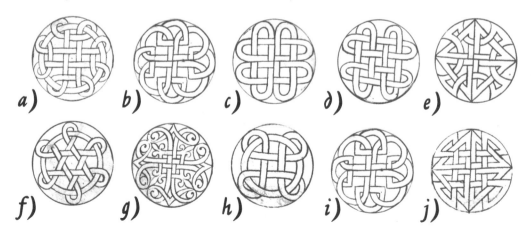

a) b) c) d) e)

f) g) h) i) j)

DAS REINER MUSTERBUCH

Das Reiner Musterbuch ist in der Nationalbibliothek in Wien ausgestellt.

GÄNSEKIELFEDER STATT FÜLLFEDER

Die Mönche verwendeten zum Schreiben Federn aus Schilfrohr oder Gänsekielfedern. Nur die Flugfedern, von denen die Gans jeweils fünf an einem Flügel hat, eigneten sich zum Schreiben. Da man bis 1400 bei uns kein Papier kannte, schrieben die Mönche auf Pergament, das ist Tierhaut. Die Mönche tauchten ihre Federn in die Eisengallustinte, das ist ein Gemisch aus Eisen, Rinde und Galläpfeln. Galläpfel sind Wucherungen an Baumblättern, die z. B. durch den Stich der Gallwespe entstehen. Sie beinhalten eine Säure, die Bestandteil der Tinte wurde. Fehler kratzte der Schreiber mit einem Federmesser weg. Die raue Stelle glättete er mit einem Eberzahn. Ganz schön kompliziert, was?

UNSICHTBARE TINTE

Unsichtbare Tinte eignet sich wunderbar für eine Geheimschrift. Sie besteht aus dem Saft einer Zitrone! Tauche eine leere, sauber ausgewaschene Füllfeder in den Zitronensaft. Schreib damit eine Botschaft auf ein Blatt Papier. Das ist nicht so leicht, denn du siehst nicht, was du schreibst. Halte diesen scheinbar leeren Zettel unter einen Fön und wie von Geisterhand wird die Schrift sichtbar!

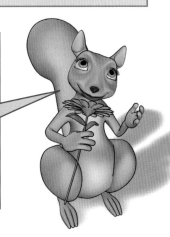

Die Handschriften der Stiftsbibliothek in Rein solltest du dir unbedingt anschauen. Da sie mit der Hand geschrieben wurden, ist jede ein Unikat, d. h. ein einzigartiges Stück. Die großen Anfangsbuchstaben, wie hier das Q, nennt man Initialen.

Bemale die Initiale wie die Mönche in bunten Farben!

Moritz will heute überhaupt nicht aufstehen und empfängt seine Freunde mit einem herzhaften Gähnen. Nelli, Susi und Hansi zerren ihn aus seinem Nest, denn der Großvater wartet schon. Wenn Moritz wüsste, was ihn bei diesem Ausflug erwartet, würde er sicher schneller aus seinem kugeligen Nest schlüpfen: Eine Burgruine lädt dich und die Eichhörnchen zu einer Zeitreise ins Mittelalter ein. Moritz weiß Bescheid, was eine Pechnase oder ein Palas ist. Eine höchst explosive Geschichte der Burg erfährst du von Nelli. Der Großvater erzählt dir von einem Felsen in einer Kirche, in dem eine Wasserleitung für Taufen eingebaut ist. Ein kniffliges Nussknacker-Quiz hält dich und die Eichhörnchen in Atem, denn schließlich erfährt man beim Lösen des Quiz wie ein Regenbogen entsteht oder was ein Relief ist.

Neugierig geworden? Dann mach dich auf zum Treffpunkt beim Kalvarienberg.
Hansi, Susi, Nelli, Moritz und der Großvater warten schon!

1 Kalvarienberg,
2 Mur-Überfuhr
3 Schloss Gösting
4 Burgruine Gösting
5 Kirche in Thal
6 Thaler See

▬▬▬ Autobahn
▬▬▬ Straßenroute
▬▬▬ Radweg
R2 Richtung Raach,
R39 Richtung Thal
▬▬▬ Mountainbike-Strecke

ÖFFENTLICHE VERKEHRSMITTEL

Kalvarienberg: Nimm die GVB-Buslinie 67 und steig bei der Haltestelle Kalvarienweg aus. Ein kurzer Fußmarsch entlang des Kalvarienweges führt dich zum Kalvarienberg.

Burgruine Gösting: Mit den GVB-Buslinien 40 bzw. 85 kommst du zur Endstation Gösting.

Thal: Von der Endstation Gösting fährst du mit der Linie 48 weiter nach Thal.

DIE KREUZSÄULEN
Hier findest du die Kreuzsäulen von Seite 147.

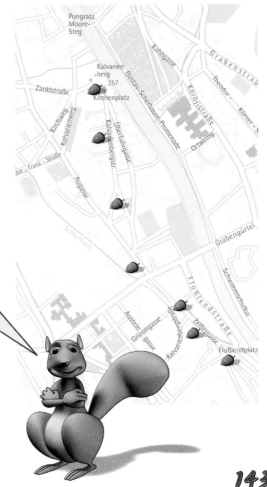

143

Den 5. Tag beginnen die Eichhörnchen beim Kalvarienberg im Bezirk Lend. Hansi hat sich heute ganz besonders in Schale geworfen, denn schließlich ist es der letzte Ausflug, den er gemeinsam mit Susi und seinen Freunden macht.

KNACK DIE RÄTSELNUSS:
Der Sage nach haben sowohl der Kalvarienberg als auch der Schloßberg ihre Entstehung dem Teufel zu verdanken. Du willst wissen, was es damit auf sich hat? Dann hol schnell einen Spiegel und lies die Kurzform der Sage in spiegelverkehrter Schrift!

Zur Osterzeit wurde auf dem Schöckel ein großes Fest gefeiert. Die Menschen genossen den Tag, bis sich der Teufel unter die Festgemeinde mischte und sagte: „Ihr wisst wohl, dass der Schöckel nur ein Zwerg im Vergleich zu anderen, viel höheren Bergen ist. Wenn ihr wollt, mache ich den Schöckel dreimal so hoch. Meine Bedingung ist, dass der erste Mensch, der den neuen höheren Schöckel besteigt, mir gehört." Aus Neugier gingen die Leute auf den Handel ein. So sauste der Teufel nach Afrika, wo er einen riesigen Felsbrocken losriss. Wieder nach Graz zurückgekehrt, erblickte er eine Osterprozession, die ihn ziemlich verärgerte. Voller Wut schleuderte er den Felsen auf die Erde, wo er in zwei Teile zersprang. Der größere wurde zum Schloßberg auf der linken Seite der Mur und der kleinere zum Kalvarienberg rechts der Mur.

WAS VERSTEHT MAN UNTER EINEM KALVARIENBERG?

Im Wort „Kalvarienberg" steckt das lateinische Wort „Calvaria", das ist eine Bezeichnung für den Hügel Golgatha bei Jerusalem, auf dem Jesus Christus gekreuzigt wurde. Ein Kalvarienberg soll an das Leben und Sterben von Jesus Christus erinnern. Der Weg auf den Grazer Kalvarienberg beginnt rechts hinter der Kirche. Spazier die Stufen hinauf. Auf dem Weg zeigen dir viele kleine Kapellen und Figuren, was Jesus von seiner Gefangennahme bis zu seiner Kreuzigung erlebt und wie er gelitten hat. Genaue Informationen zu den einzelnen Stationen gibt es im Kirchenführer, der im Pfarramt aufliegt.

„Schaut euch die Fassade der Kalvarienbergkirche an! Sie sieht ein bisschen aus wie eine Bühne, auf der Schauspieler stehen, die zu Stein erstarrt sind!", bemerkt Moritz. „Seht ihr, wie der dornengekrönte Jesus in der Mitte von den anderen Figuren verspottet wird?" Hansi, der während der vier Tage wirklich viel von der Kunstgeschichte-Expertin Susi gelernt hat, versucht sie mit seinem neuen Wissen zu beeindrucken: „Ich glaube, die Fassade ist barock. Immer, wenn man das Gefühl hat, die Figuren wollen einem etwas erzählen, hat man es mit barocker Baukunst zu tun", versucht er zu erklären. Susi nickt ihm zu, worauf Hansi sehr stolz ist.

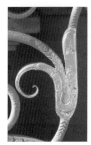    

Schau genau: Manche der schmiedeeisernen Tore der Kapellen auf dem Kalvarienberg sind mit lustigen Gesichtern geschmückt!

ÜBER DIE MUR

Weißt du eigentlich, dass es in der Nähe des Kalvarienberges eine Überfuhr gegeben hat? Wenn du zur Mur spazierst, findest du genau auf der Höhe des Hügels die Stelle, an der einst ein Floß, das an einem Seil angebunden war, die beiden Murufer verband. Man transportierte auf diesem Weg Waren, aber auch Menschen von einer Flussseite zur anderen. Am linken Murufer gibt es ein Hinweisschild auf diese ehemalige Überquerungsmöglichkeit. Es war also nicht immer einfach, von der einen auf die andere Murseite zu kommen. Heute gibt es in Graz 18 Brücken und Stege. Eigentlich sind es 19, denn über die Murinsel gelangst du auch von einer Stadtseite zur anderen.

EIN FELS IN DER KIRCHE

In der Kalvarienbergkirche findest du etwas ganz Besonderes: Die Kirche ist so knapp an den kleinen Hügel gebaut, dass der Felsen in den Kircheninnenraum ragt. Er bildet den Hintergrund des Hochaltares. An diesem natürlichen Felsen finden auch Taufen statt: Man kann eine in den Stein eingebaute Wasserleitung aufdrehen und das Taufwasser fließt über den Felsen.

Der Hochaltar steht vor dem Felsen.

Aus dieser Leitung fließt das Taufwasser.

Das Kreuz in der linken Seitenkapelle besteht zum Teil aus kostbarem Elfenbein.

DIE HEILIGE STIEGE

Hinter dem Hauptportal der Kirche verbirgt sich die so genannte Heilige Stiege. Jesus Christus soll über eine solche Treppe zum Gerichtssaal gegangen sein, in dem er zum Tode verurteilt wurde. Die Möglichkeit, sie zu betreten, hast du nur am Karfreitag. Das ist der Tag, an dem Jesus Christus gekreuzigt wurde. Die „Heilige Stiege" durfte früher nur kniend bestiegen werden. Besonders gläubige Menschen rutschen die Stiege heute noch auf den Knien hinauf und beten dabei.

SCHLÜSSEL FÜR DIE KALVARIENBERGKIRCHE

Die Kalvarienbergkirche ist in der Regel verschlossen. Den Schlüssel und Informationen zu Führungen bekommst du unter der Telefonnummer 0316/682124 oder direkt im Pfarramt in der Kalvarienbergstraße 155.

KNACK DIE RÄTSELNUSS:

Vom Lendplatz zum Kalvarienberg gibt es sieben Steinsäulen, die einem ehemaligen Prozessionsweg entlang führen. Jede dieser so genannten Kreuzsäulen stellt ein trauriges Erlebnis im Leben von Jesus Mutter Maria dar. Bei unserer Rätselnuss ist allerdings einiges durcheinander gekommen: Hilfst du den Eichhörnchen, die Erlebnisse den jeweils richtigen Bildern zuzuordnen?

a) ☐   *b)* ☐   *c)* ☐

d) ☐   *e)* ☐

f) ☐

g) ☐

1. Josef und Maria bringen den acht Tage alten Jesus in eine Synagoge. Sie wundern sich, dass ein Mann Jesus als Retter der Menschheit bezeichnet.

2. Josef, Maria und Jesus flüchten auf einem Esel nach Ägypten, da König Herodes Jesus töten lassen will, um selbst König zu bleiben.

3. Josef und Maria suchen Jesus verzweifelt und finden ihn in der Synagoge bei den jüdischen Lehrern.

4. Jesus ist mit dem Kreuz auf seinen Schultern auf dem Weg zur Kreuzigung. Viele Frauen begleiten ihn weinend. Manche starren ihn erschreckt an.

5. Maria und zwei andere Frauen stehen unter dem Kreuz Jesu und beten für ihn.

6. Maria hält Jesus in ihren Armen.

7. Jesus wird in Leinentücher gewickelt, bevor er begraben wird.

Die *Burgruine Gösting*

Gemütlich sitzen die Eichhörnchen im Bus und lassen sich in den Nordwesten von Graz zum nächsten Abenteuer chauffieren. Zur Erforschung der Burgruine Gösting muss man zuerst den anfangs sehr steilen Ruinenweg erklimmen, der gegenüber der Endhaltestelle Gösting beginnt.

Unternimm mit deinen kuscheligen Freunden eine Reise ins Mittelalter und lerne die wichtigsten Bauteile einer Burg anhand der Burgruine Gösting kennen!

DER BERGFRIED

Der Bergfried ist der Hauptturm einer Burg. Er steht meist an ihrer höchsten Stelle. Wachposten kontrollieren vom Bergfried aus, ob Feinde im Anmarsch sind. Wird die Burg erstürmt, ist der Bergfried die letzte Zuflucht der Burgbewohner.

Der oberste Teil des Bergfrieds der Burgruine Gösting besteht aus Mauerzacken, den so genannten Zinnen. Die schmalen, fensterähnlichen Öffnungen in der Mauer sind Schießscharten zur Verteidigung der Burg. Heute dient der Bergfried als Aussichtsturm, der einen tollen Blick über Graz bietet! Hast du den Schloßberg schon entdeckt?

DIE RINGMAUER

Ringmauern schützen die Burg. Wie eine Schale sind sie um die inneren Burgteile gebaut. Die Burg Gösting war doppelt gesichert: Es gab eine äußere und eine innere Ringmauer.

DIE BURGKAPELLE

DAS WIRTSCHAFTSGEBÄUDE

In den meisten Burgen findest du eine Kapelle. Bis zum 13. Jahrhundert ist es auf Burgen üblich, zwei Kapellen übereinander zu errichten. In der unteren Kapelle beten die Angestellten, in der oberen betet die herrschaftliche Familie. Die ältesten Teile der Doppelkapelle der Burgruine Gösting stammen aus der Zeit der Romanik. Sie sind ungefähr 750 Jahre alt!

Um die Burgbewohner zu versorgen, gibt es Wirtschaftsgebäude und eine Küche. Hier werden Lebensmittel gelagert. Die Angestellten kochen, backen und waschen für die Herrschaft. Tiere wie Hühner, Schweine und Schafe sorgen für Eier, Fleisch und Wolle. Die Burg Gösting hatte ihren wirtschaftlichen Trakt in der Vorburg beim Fünfeckturm.

DER PALAS

Der Palas ist der Wohnbereich einer Burg. Hier gibt es heizbare Räume wie den Speisesaal oder die Schlafzimmer. Die Kemenaten, das sind die Schlaf- und Wohnräume, werden durch Kamine gewärmt. Hier ist es durch das offene Feuer wohlig warm!

DIE ZISTERNE

Um Regenwasser zu sammeln, mündeten alle Dachrinnen in die Zisterne im inneren Burghof.

149

KNACK DIE RÄTSELNUSS:

Die Antwort dieser geknackten Rätselnuss ergibt den Namen des Baumes, der im inneren Burghof wächst. Jeder Wandteppich enthält einen richtigen Buchstaben. Finde diesen heraus und bilde damit das gesuchte Wort!

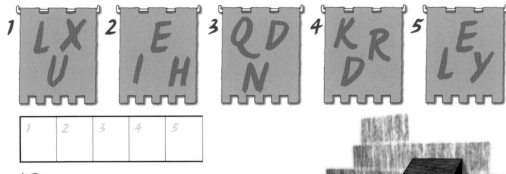

1	2	3	4	5

WAS IST EINE PECHNASE?

Pechnasen gab es über den Toren der Burg, die leicht erobert werden konnten. Im Fall eines Angriffes schütteten die Burgbewohner heißes Pech, heißes Wasser, heißes Öl oder Steine durch die Pechnase auf die Angreifer.

EINE KLEINE ABWECHSLUNG FÜR ZWISCHENDURCH:

Das Muster auf der Schwertscheide ist unvollständig.
Mal es fertig, indem du es wie ein Spiegelbild ergänzt!

EIN BLITZ ZERSTÖRT DIE BURG

1723 schlug der Blitz in einen Turm der Burg ein, in dem man Schießpulver lagerte. Die Explosion löste einen Brand aus, der die Wehranlage bis auf den Bergfried und die Burgkapelle schwer beschädigte. Da die Burg nun unbewohnbar war, ließ ihr Besitzer, Graf Ignaz Maria von Attems (mehr zu seiner Person auf Seite 69), am Fuß des Burgberges ein Barockschloss errichten. Der gelbe prunkvolle Bau bei der Endstation Gösting ist dir sicher aufgefallen. Das Schlossinnere kannst du nur bewundern, wenn du jemanden besuchst, der hier wohnt, denn im Schloss sind Eigentumswohnungen.

WIE ENTSTEHT EIN BLITZ?

Während eines Gewitters stoßen viele kleine Wassertropfen in einer Wolke zusammen und reiben aneinander. Diese Reibung erzeugt elektrischen Strom in der Wolke. Der elektrische Strom springt als Funke von Wolke zu Wolke und schließlich zur Erde. Wir bezeichnen diesen Funken als Blitz. Ein Blitz ist sehr heiß. Schießt er durch die Luft, wird diese rundherum erhitzt. Schlägt ein Blitz in ein Haus ein, kann es durch die Hitze zu brennen beginnen. Gott sei Dank gibt es heutzutage schon Blitzableiter, die den Blitz abfangen und in die Erde ableiten.

KNACK DIE RÄTSELNUSS:

Bei einem Gewitter entstehen Blitz und Donner gleichzeitig, aber da sich das Licht schneller als der Schall durch die Luft bewegt, siehst du zuerst den Blitz, bevor du den Donner hörst. So kannst du ausrechnen, wie weit ein Gewitter von dir entfernt ist: Zähle die Sekunden zwischen Blitz und Donner. Teile die Anzahl der Sekunden durch drei. Diese Zahl gibt an, wie viele Kilometer das Gewitter entfernt ist. Rechne aus, wie viele Kilometer ein Gewitter von den Eichhörnchen entfernt ist, wenn zwischen Blitz und Donner 12 Sekunden liegen.

DER JUNGFERNSPRUNG

Kurz bevor du die Burgruine erreichst, führt ein schmaler Weg Richtung Norden zum so genannten „Jungfernsprung". Der Sage nach sprang Anna von Gösting von diesem Felsen in den Tod, da ihr Geliebter im Zweikampf gefallen war.

Der sagenumwobene Jungfernsprung

DAS WANDERN IST DES MÜLLERS LUST...

Hier etwas für alle, die gerne wandern: Über den Plankenwarther Höhenweg (Wegmarkierung Nummer 563), ein Waldweg, der bei der Burgruine beginnt, kannst du am St.-Annen-Bründl vorbei über den Steinkogel bis zum Thaler Sattel marschieren. Dann folgst du der Wegmarkierung 30 nach Thal-Kötschberg, bis du bei der GVB-Haltestelle Thalkreuz (Buslinie 48) anlangst, die dich wieder zur Endstation Gösting bringt.

Die *Pfarrkirche in Thal*

Die Pfarrkirche in Thal liegt auf einer kleinen Anhöhe. Während Nelli und Moritz mit Rücksicht auf den doch schon etwas gebrechlichen Großvater gemächlich den Hügel hinaufspazieren, können es Susi und Hansi nicht mehr erwarten und hopsen voraus.

„Wow, irgendwie hab ich das Gefühl, in einem Zirkuszelt zu sein!", meint Hansi beeindruckt, als Susi und er in die Kirche schlüpfen. In der Tat wirkt der bunte Dachstuhl wie ein Zelt. Susi faszinieren die Kristalle, die einem überall in der Kirche entgegenglitzern.

„Schau, der Altartisch ist aus Kristallglas und das darüber hängende Kreuz ist ebenfalls mit Kristallen besetzt. Auch seitlich am Boden gibt es eingesetzte Spiegel, die mit Kristallen geschmückt sind. Ob diese Spiegel wohl etwas zu bedeuten haben?", fragt Susi. Großvater, der mit Nelli und Moritz schnaufend die Kirche betritt, kann ihr helfen: „Die Spiegelfläche rund um das Kircheninnere symbolisiert den See Genezareth, der in Israel liegt. Stellt euch mit ein bisschen Fantasie die Wellen des Sees vor! An diesem See findet Jesus seine ersten Anhänger, die man als Jünger bezeichnet. Sie arbeiten dort als Fischer. Viele Geschichten aus dem Neuen Testament spielen sich im Gebiet um den See Genezareth ab."

Das Akanthus-Motiv im Dachstuhl der Kirche.

WAS IST AKANTHUS?

Den bunten Kirchendachstuhl schmückt das Motiv des Akanthusblattes, das so interessant ausschaut, dass es Künstler sehr oft zur Dekoration der Innen- und Außenseiten von Gebäuden verwenden. Sie malen es an die Wände oder modellieren es im Stuck.

Akanthus ist eine krautartige kräftige Pflanze, die mehr als einen halben Meter hoch werden kann. Akanthus wächst vor allem in warmen Ländern. Die Grundblätter sind dunkelgrün und an der Oberfläche glatt und glänzend. In der Blütezeit im Frühling blüht der Akanthus meist mit weißen Blüten.

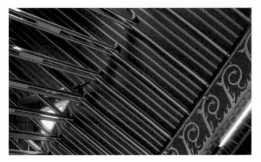

Die Farben des Dachstuhles entsprechen den Farben des Regenbogens. Wenn du ganz besonderes Glück hast, scheint die Sonne gerade durch die Dachfenster herein und ihre Strahlen brechen sich an den Kristallen der Fensterscheiben. Das ergibt ein wunderschönes Farbenspiel auf dem Fußboden, das einem Regenbogen ähnelt!

WIE ENTSTEHT EIN REGENBOGEN?

Ein Regenbogen entsteht, wenn die Sonne auf Regentropfen scheint. Dabei brechen sich die einzelnen Sonnenstrahlen an den Wassertropfen. Die Brechung zerlegt das Sonnenlicht in die Spektralfarben. Diese Farben gehen fließend ineinander über und reichen von Violett, Blau, Grün, Gelb, Orange bis Rot. Damit ein Regenbogen entsteht, muss es nicht unbedingt regnen. Vielleicht hast du das Glück, einen zu sehen, wenn du vor einem Brunnen sitzt, aus dem Wasser sprüht!

KNACK DIE RÄTSELNUSS:
Irgendwo im Bereich des Altares gibt es die Darstellung eines Zugvogels. Kannst du sie entdecken?

153

KNACK DIE RÄTSELNUSS:

Für die Entdeckung dieser außergewöhnlichen Kirche hat sich der Großvater etwas Besonderes ausgedacht: Susi, Nelli, Hansi und Moritz sollen ein kniffliges Nussknacker-Quiz lösen. Hilf ihnen dabei! Es gilt, 10 Aufgaben zu lösen. Die Antworten füllst du in die neben stehenden Kästchen ein. Wenn du alle Felder richtig ausgefüllt hast, dann ergeben die Buchstaben in den dick gedruckten Kästchen den Namen des Künstlers, der die Kirche in Thal gestaltet hat.

9 **T**

2 **M**

10 **S**

3 **J**

4 **S**

6 **T**

7 **M**

5 **A**

1 **S**

8 **R**

Auf einem der beiden Mauerstücke vor der Kirche (Reste der ehemaligen Friedhofsummauerung) findest du den heiligen Christophorus, der uns im Laufe unserer Spaziergänge schon untergekommen ist. Seine Legende erzählt, dass er Jesus über den Fluss getragen hat. Wenn du weißt, mit welchem Körperteil er ihn getragen hat, trage die Antwort in die passende Kästchenreihe ein. Solltest du es nicht wissen, lies auf Seite 34 nach.

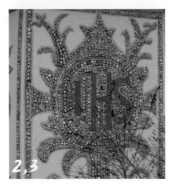

Der älteste Teil der Kirche wurde 1739 erbaut. Man hat ihn beim Neubau der Kirche ab 1992 nicht weggerissen. Von außen kannst du die alte Kirche sehr gut erkennen. Sie ist türkis bemalt und die Wände sind mit Kiesverzierungen geschmückt, die bei genauerem Hinsehen Buchstaben verstecken. Ganz leicht zu entziffern ist die Abkürzung IHS, das sind die ersten drei Buchstaben des Wortes Jesus im griechischen Alphabet. Schwieriger wird es bei den anderen beiden Namen. Hast du sie entschlüsselt, dann trag sie im Rätsel ein!

Die nächste Aufgabe führt die Eichhörnchen um die Kirche herum. Unter ihren Fußsohlen tut sich einiges, denn der Weg ist nicht asphaltiert, sondern besteht aus einem besonderen, eigentlich ganz einfachen Material. Wie heißt dieser wirkungsvolle Baustoff?

Die Eichhörnchen versuchen nun, den Weg ins Innere der Kirche zu finden. Das ist nicht einfach, da die Eingangstüren zwar sehr groß, aber auf den ersten Blick kaum zu sehen sind. „Auch der Weg zu Gott ist nicht immer ganz leicht zu finden", meint der Großvater, als Hansi den Eingang endlich entdeckt. Die Freunde gehen zuerst in den alten Kirchenraum. Der Weg dorthin führt sie durch ein Tor, das mit vielen Reliefdarstellungen aus der Bibel geschmückt ist. Erkennst du einige der biblischen Geschichten?
Der Großvater stellt die nächste Aufgabe für das Nussknacker-Quiz: Ein Relief zeigt die Geschichte eines Mannes, der von Gott den Auftrag bekommt, ein Boot zu bauen und damit alle Tiere vor der Sintflut zu retten. Wie heißt dieses Schiff? Nelli weiß es und die Eichhörnchen sind der Lösung des Quiz ein Stück näher gekommen.

„Die ursprüngliche Kirche ist sehr klein. Da hätten die etwa 2000 Bewohner von Thal niemals Platz!", meint Susi. Dieses alte Kirchlein wird nun als Sakramentskapelle verwendet, in der das Allerheiligste, also die Hostien, aufbewahrt sind. Nun zu Großvaters nächster Aufgabe: Wie heißt die Feier, in der man Kindern ein heiliges Sakrament spendet? Ein kleiner Tipp: Das Becken, das man für diese Feier benötigt, steht in einer Fensternische. Der Teppich dahinter ist auf Kokos gemalt und so schwer, dass ihn ein Mensch alleine nicht heben kann. Anlass für die Gestaltung des Teppichs war der Besuch von Papst Johannes Paul II. in Wien. Gestaltet hat ihn der Architekt der Kirche.
Kennst du die Lösung der 6. Aufgabe?

Die nächste Rätselnuss wird im modernen Teil der Kirche geknackt. Der heilige Jakobus der Ältere ist der Schutzpatron der Kirche. Er gilt als der Patron der Pilger. Pilger sind Menschen, die lange Reisen auf sich nehmen, um zu heiligen Stätten, z. B. Kirchen, zu wandern und dort zu beten. „Man sagt ja auch, die Leute pilgern zu einem Popkonzert!", meint Nelli. In die heutige Zeit übertragen bedeutet der Begriff „pilgern", dass eine Masse von Menschen etwas besucht, das ihnen besonders gut gefällt. Großvater stellt den Eichhörnchen nun die Aufgabe: „Die Darstellung des heiligen Jakobus zeigt ihn meist mit einem Gegenstand, den Pilger vor vielen hundert Jahren als Schöpfgefäß für Wasser verwendeten. Du kannst dieses Motiv in der Kirche sehr oft finden. Die Kirchenbänke und das Weihwasserbecken sind damit gestaltet und eine alte versteinerte Darstellung davon steht hinter dem Altar."

Erkennst du, was Großvater meint? Dann trag die richtige Antwort in den Quiz-Kästchen ein!

Im Kirchenraum gibt es ein Fenster, das eine Darstellung der heiligen Maria zeigt. In diesem Fenster kommt eine Blume 42-mal vor. Diese Blume ist ein Symbol für Maria. Maria findet man oft dargestellt in einem Garten, umgeben von der „geheimnisvollen" Blume. Diese Blume ist ein Zeichen der Unschuld, da Maria von einem Engel erfuhr, dass sie Jesus, Gottes Sohn, zur Welt bringen würde. Welche Blume ist gemeint?

Die Musiker, die den Gottesdienst begleiten, haben in der Thaler Kirche ihren zugeordneten Platz. Hast du diesen Ort gefunden, schau nach oben. Dort, an der Decke, sind Engel aufgemalt. Welches Instrument spielen sie?

WIE KOMMT DIE PERLE IN DIE MUSCHEL?

Ausgangspunkt für das Entstehen einer Perle ist ein Sandkorn, das in das Innere der Muschel gelangt. Weil die Muschel das Sandkorn als Schmutz empfindet, wehrt sie sich dagegen, indem sie es mit einer Schicht aus Perlmutt umgibt. Diese schimmernde Schicht wird immer dicker und eine Perle entsteht.

156

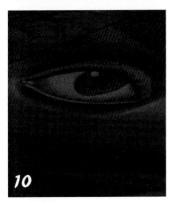

10

„Eines verstehe ich nicht ganz: Was hat ein Auge in einer Kirche verloren?", fragt Nelli. Vielleicht fragst du dich das auch, wenn du die bunte Darstellung des einzelnen Auges siehst, die es in dieser Kirche zweimal gibt. Es handelt sich um das Auge Gottes. Im Alten Testament war es verboten, Gott als Person darzustellen. Deshalb hat man nur ein Auge als Symbol Gottes dargestellt. Es zeigt uns, dass Gott immer auf uns schaut und dass er sich um uns kümmert. Mit dem Auge kann man wie mit dem Ohr und der Nase bestimmte Reize aufnehmen. Wie heißen diese speziellen Körperteile?

WAS IST EIN RELIEF?

In der Thaler Kirche durchquerst du ein Tor, das mit vielen Reliefs geschmückt ist. Ein Relief ist die Gestaltung einer Oberfläche. Reliefs sind auch für blinde Menschen gut zu ertasten, da der Künstler entweder die Oberfläche mit Dekorationen erhöht oder aus der Oberfläche Motive herausarbeitet.

KNACK DIE RÄTSELNUSS:
Hier siehst du ein Foto des linken Altarbildes. Darauf ist unter anderem der heilige Jakobus der Ältere zu sehen. Such sein Symbol, die Muschel!

Siehst du den Mann im türkisfarbenen Kleid? Das ist Jesus. Außergewöhnlich an dieser Darstellung sind seine roten Haare!

Der *Thaler See*

Die Eichhörnchen erholen sich am Thaler See von der spannenden Kirchenbesichtigung. Sie hüpfen von Baum zu Baum, was sie dank ihrer langen Finger mit den starken Krallen ausgezeichnet können. Sie sind in der Lage, vier bis fünf Meter weit zu springen, wobei sie mit dem buschigen Schwanz die Richtung steuern. Das ist vor allem bei Wind sehr wichtig.

WIE ENTSTEHT WIND?

Verantwortlich für den Wind ist die Sonne. Im Laufe des Tages zieht sie von Osten nach Westen und erwärmt auf ihrer Wanderung die Luft. Da warme Luft leichter ist als kalte, steigt die warme Luft auf. Nun nimmt die kalte Luft den Raum ein, in dem vorher warme Luft war. Dadurch gibt es eine ständige Bewegung, die Luftströmungen. Das ist der Wind.

WARUM KANN EIN DRACHEN FLIEGEN?

Hält man einen Papier- oder Kunststoffdrachen in den Wind, bildet sich an seiner Unterseite ein Luftpolster, der den Drachen nach oben steigen lässt. Die Schnur, mit der der Drachen fest gehalten wird, sorgt dafür, dass der Luftpolsterdruck auf den Drachen erhalten bleibt. Lässt du die Schnur los, verschwindet der Luftpolster. Es wirkt nur noch die Schwerkraft, die den Drachen entweder sofort nach unten stürzen oder langsam herabtrudeln lässt.

RINDENMUSTERSAMMLUNG

Auf dem Weg um den Thaler See kommst du an vielen Bäumen vorbei. Nütze den Spaziergang und leg dir eine Rindenmustersammlung zu! Du befestigst einfach ein dünnes Blatt Papier mit einem Klebestreifen an einem Baumstamm. Reib vorsichtig mit einem Wachsmalstift über das Papier, bis das Rindenmuster sichtbar wird. Jede Baumart hat ein anderes Rindenmuster. Sammle die Rubbelbilder in einem Heft, schreib die entsprechenden Baumnamen dazu und du hast ein tolles Nachschlagwerk!

ZIEH DEINE RUNDEN AUF DEM EIS!

Auf dem Thaler See kannst du im Winter Eis laufen und Eishockey spielen. Im Gasthaus gibt es einen Eisschuh-Verleih!

DAS GRÖSSTE STRANDBAD DER STEIERMARK

Im Jahr 1925 ließ Hans von Reininghaus den Thaler See zu einem großen Strandbad ausbauen. Es gab Ruder- und Segelboote, kleine Blockhäuser zum Umziehen, ein Kaffeehaus und ein Restaurant. Die Kinder tobten sich auf einer zehn Meter hohen Wasserrutsche aus. Viele Grazer Familien genossen hier ihre freien Tage. Nach dem 2. Weltkrieg (1939-1945) verwahrloste das Strandbad und wurde nicht mehr erneuert. Das ist wirklich schade, oder?

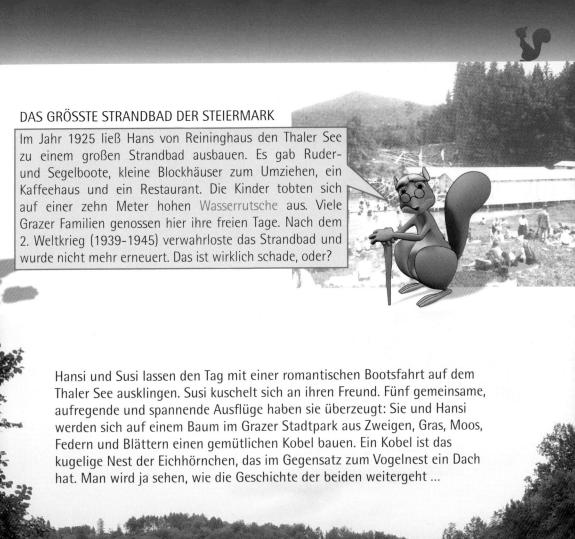

Hansi und Susi lassen den Tag mit einer romantischen Bootsfahrt auf dem Thaler See ausklingen. Susi kuschelt sich an ihren Freund. Fünf gemeinsame, aufregende und spannende Ausflüge haben sie überzeugt: Sie und Hansi werden sich auf einem Baum im Grazer Stadtpark aus Zweigen, Gras, Moos, Federn und Blättern einen gemütlichen Kobel bauen. Ein Kobel ist das kugelige Nest der Eichhörnchen, das im Gegensatz zum Vogelnest ein Dach hat. Man wird ja sehen, wie die Geschichte der beiden weitergeht ...

Der *Geschichtestamm*

Jungsteinzeit 3000–2000 v. Chr. Älteste menschliche Spuren

Nach 955: Auf dem Schloßberg entsteht eine kleine Wehranlage, die man „Gradec" nennt.
Das ist slawisch und bedeutet „kleine Burg".
Aus diesem Wort entwickelt sich der Name Graz.

1128–1129: 1. Erwähnung von Graz in einer Urkunde

1160: Der Hauptplatz entsteht

1240: Graz wird eine Stadt und bekommt den Panther als Wappen

1438–1493: Höhen und Tiefen Kaiser Friedrichs III.

1564–1637: Erzherzog Karl II., Kaiser Ferdinand II., Johannes Kepler in Graz , Zeit der Gegenreformation

1728: 1. Straßenbeleuchtung in Graz

1782–1859: Erzherzog Johann

1797: Napoleon Bonaparte übernachtet in Graz

1809: Die Franzosen belagern den Schloßberg

1844: Der Hauptbahnhof wird gebaut

1869: Der Stadtpark entsteht

1899: Die elektrische Straßenbahn ersetzt die Pferdetramway

1903–1912: Bau des Landeskrankenhauses

1925: Erste Flüge am Flughafen Thalerhof

ab 1972: Die Fußgängerzone wird eingeführt, es dürfen keine Autos mehr in der Herrengasse fahren!

1978: Graz feiert seinen 850. Geburtstag

1999: Graz wird zur Weltkulturerbestadt

2003: Europäische Kulturhauptstadt

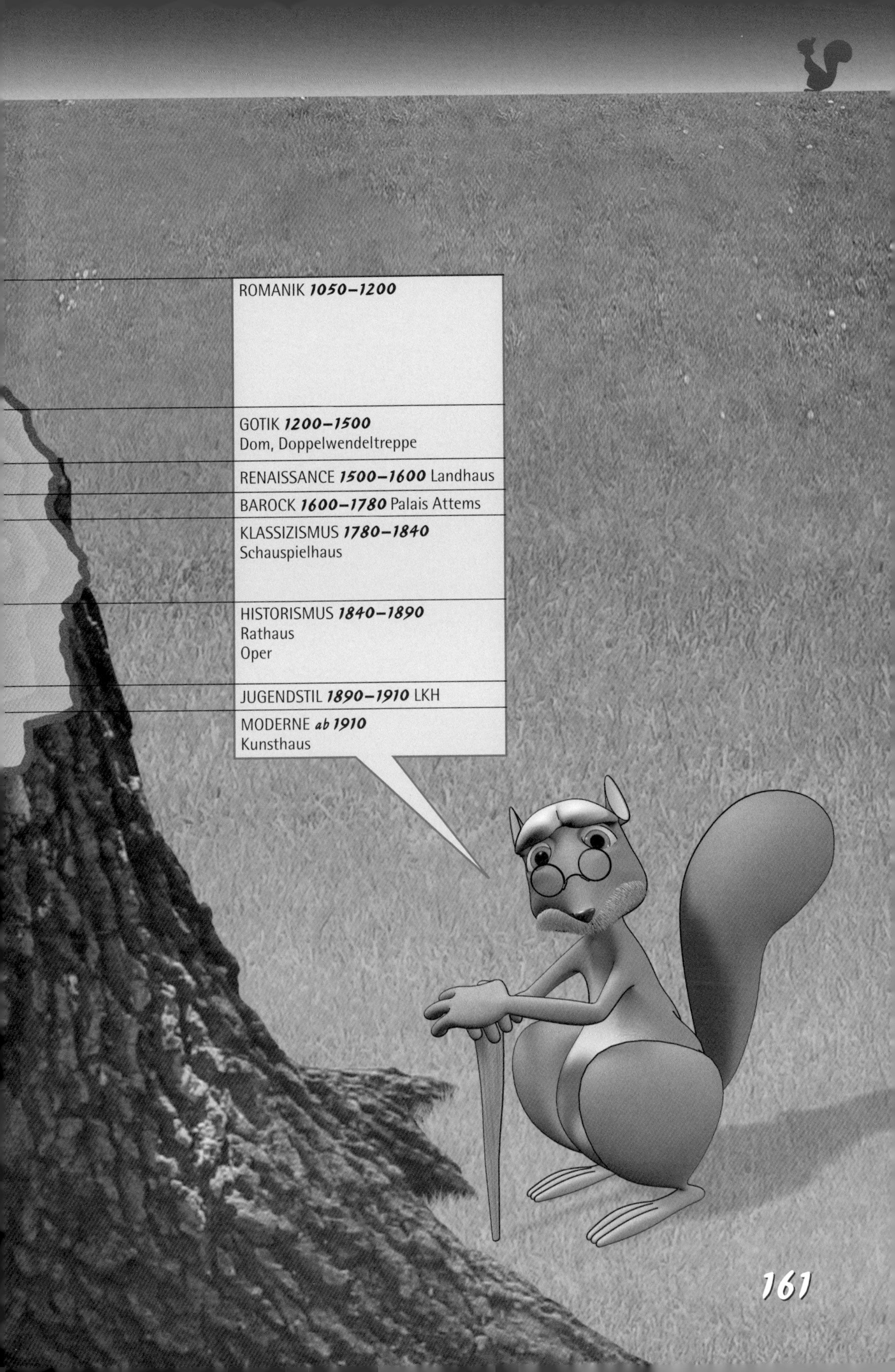

ROMANIK *1050–1200*

GOTIK *1200–1500*
Dom, Doppelwendeltreppe

RENAISSANCE *1500–1600* Landhaus

BAROCK *1600–1780* Palais Attems

KLASSIZISMUS *1780–1840*
Schauspielhaus

HISTORISMUS *1840–1890*
Rathaus
Oper

JUGENDSTIL *1890–1910* LKH

MODERNE *ab 1910*
Kunsthaus

Der *Kunstgeschichtebaum*

ROMANIK *1050 – 1200*

Romanische Bauten wirken wuchtig und massiv, da die Baumeister mit grob behauenen Steinen arbeiteten. Die Innenräume waren dunkel, da es nur kleine Fenster gab. Dafür bemalten die Handwerker die Wände oft mit kräftigen Farben. Typisch romanisch sind Rundbogenfenster.

GOTIK *1200 – 1500*

Der gotische Baustil entwickelte sich in einer Zeit, in der die Menschen sehr religiös waren. Daher planten die Baumeister gotische Bauwerke möglichst hoch, um Gott nah zu sein. Im Gegensatz zu den dicken Mauern der Romanik wirken gotische Bauten luftig und leicht, da die Wände durch große Fensterflächen aufgelöst sind. Typisch gotisch sind Spitzbogenfenster.

RENAISSANCE *1500 – 1600*

Das französische Wort „Renaissance" bedeutet „Wiedergeburt". Rund 1000 Jahre nach dem Ende der Antike wurde in der Renaissance die Kunst der alten Griechen und Römer genau studiert und nachgemacht. Die Menschen dieser Zeit waren sehr wissbegierig und gingen den Dingen genau auf den Grund. Typisch für Renaissancebauten sind Arkadengänge und Arkadenfenster mit regelmäßig angeordneten Säulen.

BAROCK *1600 – 1780*

Die Kunst im Barock spricht das Gefühl und die Fantasie an. Während die Architekten in der Renaissance gerade Linien bevorzugten, konnte es im Barock gar nicht verschnörkelt und verspielt genug sein. Prunk und Pracht zeigen sich in kostbaren Materialien wie Marmor und Blattgold.
Die barocke Baukunst kannst du mit einer Theaterbühne vergleichen, auf der sich ständig etwas bewegt. Wand- und Deckenfresken, die mit üppigem Stuck verziert sind, erzählen Geschichten. Barockmaler schafften es mit bestimmten Maltechniken, einen Raum viel größer als in Wirklichkeit erscheinen zu lassen.

KLASSIZISMUS *1780 – 1840*

Im Klassizismus setzte eine Beruhigung in der Baukunst ein. Klassizistische Gebäude wirken durch ihre Größe, nicht mehr durch die prunkvolle Ausstattung wie im Barock. Typisch klassizistisch sind Eingangsbereiche, die durch Säulen getragen werden.

HISTORISMUS *1840 – 1890*

Die Zeit des Historismus ist gekennzeichnet durch den Beginn der Industrialisierung und einen Aufschwung im Handel. Diese Fortschritte brachten der breiten Bevölkerung einen Wohlstand, der es ihnen ermöglichte, große und schöne Häuser zu bauen. Im Historismus bauten die Architekten Elemente aus allen vorhergehenden Stilen nach. Diese Stilnamen bekamen die Wörtchen „Neu-" (z. B. Neugotik, Neurenaissance oder Neubarock), um zu zeigen, das sie historistisch sind.

JUGENDSTIL *1890 – 1910*

Auf den ersten Blick erkennst du den Jugendstil an der großflächigen Verzierung von Hausfassaden. Besonders beliebt waren Motive aus der Pflanzenwelt, die Jugendstilkünstler oft wie Girlanden anordneten. In der Zeit des Jugendstils strebten die Künstler danach, alltägliche Dinge wie Möbel, U-Bahn-Stationen oder Stiegenhäuser zu verschönern. Alles sollte möglichst elegant aussehen.

MODERNE *ab 1910 bis heute*

Die Moderne hat keine historischen Vorbilder. Sie verzichtet auf Verzierungen und Schnörkel, da die Funktion eines Bauwerkes im Mittelpunkt steht. Beliebte Baumaterialien der Moderne sind Glas, Stahl und Beton.

Diese interessanten Begriffe haben meine Freunde oder ich auf den folgenden Seiten erklärt. Lies nach und du wirst ein Stückchen schlauer!

Büste 15 / Wappen 20 / Fresko 36 / Schiff, Mittelschiff, Seitenschiff 36 / Mausoleum 37 / Arkade 46 / Stuck 56 / Putte 67 / Zisterne 78 / Gnadenbild, Gnadenstatue 86 / Sgraffito 95 / Basilika 117 / Kanzel 118 / Hochaltar 133 / Relief 157

1. Der Stadtpark war früher ein Übungsgebiet für Soldaten.
2. Die Waldlilie wird von Rehen gerettet.
4. Henri Dunant gründete das Rote Kreuz.
5. Landhaus: Domenico dell' Aglio
   Mariahilferkirche: Giovanni Pietro de Pomis
   Priesterseminar: Vinzenz de Verda
   Zeughaus: Antonio Solar
6. „Von den österreichischen Erzherzogen Ferdinand und Maria Anna ist dieses Bollwerk zum Heile des Vaterlandes, zur Abwehr gegen feindliche Einfälle und zur Erhaltung des Andenkens an beider Namen von Grund auf errichtet worden."
7. 22 Säulen zieren die Fassade der Bundespolizeidirektion.
8. a) Palais Saurau, Sporgasse 25
   b) Stiegenkirche, Sporgasse 21
9. Sporgasse 12: Gotik
   Sporgasse 28: Renaissance
   Sporgasse 13: Barock
   Sporgasse 3: Jugendstil
10. Das Holzportal der Hofbäckerei besteht aus Eichenholz. (Elefant, Giraffe, Chamäleon, Schlange, Esel, Rentier, Hase, Ochse, Nilpferd, Zebra)
12. Die gesuchte Jahreszahl ist 1447.
14. 1 a, 2 c, 3 d, 4 b
15. b) Fliegnplatzl
16. Die Spieltrommel ist 800 kg schwer.
17. Das gesuchte Dekorationselement heißt Maskaron.
18. Der Turm der Stadtpfarrkirche ist ein Dachreiter.
19. Die Architektur des Landhauses erinnert Moritz an Italien.

3. Sternenspiel

11. Ehrengalerie

J. B. Fischer von Erlach

Peter Rosegger

Anton Musger

Viktor Kaplan

Anna Plochl

13. Dom

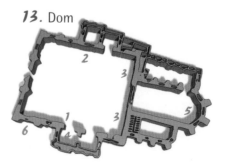

20. Ritter

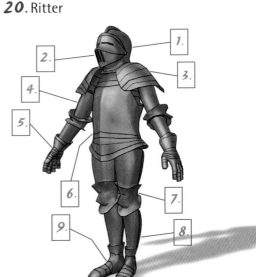

21. Ährenbündel: Mur
Vase: Enns
Schale: Sann
Traubenkorb: Drau

22. Eisenbahnbau, Wissenschaft, Bergbau,
Landwirtschaft

23. Auch im Dom gibt es ein Fresko
des heiligen Christophorus.

24. Ich bin der Elefant
an der Hausecke Neue-Welt-Gasse 3.

25. In Linz gibt es die Johannes-Kepler-Universität.
(Planeten, Astronomie, gehen, Graz)

26. 1538, 1539

27. 12 Putten tummeln sich im Treppenhaus
der Neuen Galerie.

28. Das Mausoleum und den Dom

29. b) Weil es immer im Besitz der Familie Attems
war und sie keinen Wert auf eine Veränderung
ihrer Wohnräume legte.

30. Der Winter fehlt.

31. Zwischen der Schloßbergbahn-Bergstation
und der höchsten Stelle des Schloßberges
liegen 16 Höhenmeter.

32. Es sind die Blätter des Ginkgobaumes.

33. c) Flussaufwärts wurden die Flöße
von Pferden gezogen.

34. Ein Stadtteil rechts der Mur
heißt Murvorstadt.

35. Die Figur mit dem brennenden Herzen in der
Schatzkammerkapelle steht für die Steiermark.

36. Der lateinische Begriff für Speisesaal
ist Refektorium.

37. Die Hochwassermarke befindet sich
rechts vom Eingang zum Hotel Mariahilf in
der Mariahilferstraße 9.

38. b) Man bezeichnete dieses Theater als
Kreuzertheater, weil der Eintritt einen
Kreuzer kostete.

39. Der Lotterbrunnen war
eine Hinrichtungsstätte.

40. Durch den Wasserhahn c fließt Wasser.

41. Die Schnecke ist 49 Jahre alt.

42. Die Drachen werden von der heiligen Maria besiegt.

43. Johann Josef Fux, Wolfgang Amadeus Mozart, Ludwig van Beethoven,
Gustav Mahler, Robert Stolz, Carl Orff

44. Für ein halbes Kilogramm Kaffee braucht man 5000 Kaffeekirschen.

45. Miraculix verwendet das Öl der Steineiche.

46. Der Summenwert des Wortes Hilmwarte beträgt 109.

47. König Ludwig (Louis) Bonaparte war der Bruder
von Kaiser Napoleon I. Bonaparte.

48. Die ersten Straßenbahnen wurden von Pferden gezogen.

49. Die europäische Fledermaus ist vom Aussterben bedroht, da die Plätze,
wo sie ihre Jungen großziehen kann, immer weniger werden. Alte und
hohle Bäume werden gefällt, Dachstühle, Schuppen und Scheunen werden
ausgebaut, sodass für die Fledermäuse kein Platz mehr ist. In der
Rettenbachklamm versucht man mit speziellen Fledermauskästen den
Weibchen das Großziehen ihrer Jungen zu erleichtern.

50. „Gehet in das Haus Eurer Mutter!" steht in goldenen Buchstaben über dem
Kircheneingang. Damit ist aber nicht deine eigene Mutter gemeint, sondern
die Gottesmutter Maria, sozusagen als Mutter aller katholischen Menschen.

51. Ein geheilter Gehbehinderter trägt sein Bett.

52. Die Treppe zur Mariatroster Kirche besteht aus 216 Stufen.

53. 1B /2D /3C/4A

54. Auch Paarhufer wie Ochsen und Kühe wurden hier beschlagen. Das zweigeteilte
Hufeisen ist ein Hufeisen für Paarhufer. Ein Pferd ist ein Einhufer.

55. Leib- und Seelhose für kleine Kinder, Petroleum in Kannen, Mehl in Sackerln
(Die Bauern kauften nur so viel Mehl, wie sie tatsächlich brauchten.)

56. c) Lesen, Schreiben, Rechnen

57. a) Der Vierkanthof ist aus Stein gemauert und nicht aus Holz gebaut.
Gemütlicher war das Haus deshalb nicht, denn ein Steinhaus ist
im Winter viel kälter als ein Holzhaus.
b) Die Fenster sind größer.
c) Der Hof ist mit Sgraffito im unteren Teil und Steinen, die man als
Römisches Mauerwerk bezeichnet, im oberen Teil geschmückt.

58. Die Schindeln werden durch lange Stangen, die mit Steinen beschwert sind,
gehalten. So kann der Wind das Dach nicht abdecken.

59. 1494 und 1586

60. Ein Engel hat den Schlüssel in der Hand, mit dem er seinen Mund versperrt hat. Der andere hält seinen Zeigefinger vor den Mund.

62. Der Kirchenraum ist 1368 m² groß.

63. Die gesuchten Instrumente sind das Horn, das Cello, die Violine und die Posaune.

64. Die Ornamente b und i sind doppelt.

65. Zur Osterzeit wurde auf dem Schöckel ein großes Fest gefeiert. Die Menschen genossen den Tag, bis sich der Teufel unter die Festgemeinde mischte und sagte: „Ihr wisst wohl, dass der Schöckel nur ein Zwerg im Vergleich zu anderen, viel höheren Bergen ist. Wenn ihr wollt, mache ich den Schöckel dreimal so hoch. Meine Bedingung ist, dass der erste Mensch, der den neuen höheren Schöckel besteigt, mir gehört." Aus Neugier gingen die Leute auf den Handel ein. So sauste der Teufel nach Afrika, wo er einen riesigen Felsbrocken losriss. Wieder nach Graz zurückgekehrt, erblickte er eine Osterprozession, die ihn ziemlich verärgerte. Voller Wut schleuderte er den Felsen auf die Erde, wo er in zwei Teile zersprang. Der größere wurde zum Schloßberg auf der linken Seite der Mur und der kleinere zum Kalvarienberg rechts der Mur.

66. 1 e, 2 f, 3 b, 4 d, 5 c, 6 g, 7 a

67. Im inneren Burghof der Burgruine Gösting wächst eine Linde.

68. Das Gewitter ist 4 km von den Eichhörnchen entfernt.

69. Der Zugvogel befindet sich über dem rechten Altarbild.

70. Der Künstler, der die Kirche in Thal gestaltet hat, ist Ernst Fuchs. (Trompete, Maria, Sinnesorgane, Joseph, Stein, Taufe, Muschel, Arche Noah, Schulter, Rose)

71. Die Muschel steckt an der Hutkrempe des heiligen Jakobus.

61. Suchbild

Fotos:

Alle Fotos sind Originalaufnahmen von Andreas Leb, mit Ausnahme von:

Steiermärkisches Landesarchiv, S. 18 unten, S. 20 oben rechts, S. 83, S. 84 unten, S. 91 oben rechts, S. 93 unten rechts, S. 114 oben rechts

Steiermärkische Landesregierung, S. 21, oben rechts

Stadtmuseum Graz, S. 20 oben links

Andrea Bergmann, S. 29 unten

Dr. Karl Albrecht Kubinzky, S. 94 rechts, S. 159 oben

Landesmuseum Joanneum, Kulturhistorische Sammlung Graz, S. 30 Mitte

Gery Wolf, S. 35 unten, S. 55 rechts, S. 88 unten

Landeszeughaus, Kunstverlag Hofstetter, Ried im Innkreis, OÖ, S. 53 rechts

Bild- und Tonarchiv, LMJ Graz; Erzherzog Johann. Kopie von Ferdinand Pamberger nach dem Gemälde von Johann Peter Krafft, S. 59 rechts

Kastner & Öhler, S. 64 unten rechts

Ing. Thomas Ster, S. 80, 2. Foto von oben

Stadt Graz, Kanalbauamt, S. 85

Diözesanmuseum Graz, Grafik Heimo Kaindl, S. 88 oben rechts

Joanneum Research, S. 113 oben rechts

Österreichisches Freilichtmuseum Stübing, S. 122–129

Fred Höfler, S. 130 rechts, S. 135 unten

Mag. Pater August Janisch, S. 140, 141

VOL Charlotte Turek, S. 145 unten

Textquellen:

R. P. Gruber: Graz ist herrlich. Aus: Graz von innen.
Grazer Autoren über ihre Stadt. Literaturverlag Droschl 1985.

Kartenmaterial:

werbeagentur geografik, graz, www.geografik.at

Ganz herzlich bedanken für Ihre Unterstützung,
Tipps und Ratschläge möchten wir uns in alphabetischer Reihenfolge bei:
Pater Paulus Baumann, Ing. Peter Bedenk, Konstanze Benque, Mag. Adele Fehberger-Hanin, Mag. Pater August Janisch, Anneliese Kainer, Kanalbauamt Graz, DI Klemens Klinar, DI Jakob Leb, Erika und Ernst Pirker, Mag. Egbert Pöttler, Diakon Rudolf Prattes, Dr. Gerhard Prenner, Mag. Sigrid Rachoinig, Mag. Sigrid Rahm, DI Dr. Michael Schönhuber, Ing. Thomas Ster, Heribert Szakmary, VOL Charlotte Turek, DI Thomas Turek, Dkfm. Gerald Walzl,

Für die Richtigkeit der Adressen und Öffnungszeiten übernehmen die Eichhörnchen keine Haftung.